Michel de Montaigne

Die Kunst, sich im Gespräch zu verständigen

Herausgegeben und übersetzt
von Helmut Knufmann

Mit einem Nachwort
von Hans-Martin Gauger

Verlag C. H. Beck

Der Übersetzung liegt folgender Text zugrunde:
De l'art de conférer
In: Les Essais de Michel de Montaigne
(Livre III, Chapitre 8)
Ed. Pierre Villey. Paris 1924
Nachdruck 1965

Gesamtherstellung: Druckerei C.H.Beck, Nördlingen
Umschlagentwurf: malsyteufel, Willich
Umschlagabbildung: © Private Collection/Bridgeman
Printed in Germany
ISBN 978 3 406 57349 1

www.beck.de

Unsere Gerichtsbarkeit pflegt gemeinhin bestimmte Personen zu verurteilen, damit dies anderen zur Warnung gereiche.

Sie zu verurteilen, nur weil sie gefehlt haben, das wäre Dummheit, wie Plato sagt. Denn was geschehen ist, läßt sich nicht ungeschehen machen; trotzdem geht es darum, daß sie nicht noch einmal auf die gleiche Art fehlen, oder daß ihre Verfehlung als abschreckendes Beispiel verstanden werde.

Wen man hängt, den bessert man nicht, man bessert durch ihn die anderen. Daran halte auch ich mich. Meine eigenen Unarten sind letztlich eingewurzelt und unausrottbar; indessen, wo angesehene Leute dem Volke dadurch nützen, daß sie sich ihm zur Nachahmung empfehlen, da nütze ich ihm womöglich, indem ich mich abstoßend darstelle:

Nonne vides Albi ut male vivat filius, utque
Barrus inops? magnum documentum, ne patriam rem
Perdere quis velit.[1]

Wenn ich meine Unzulänglichkeiten vor dem Publikum ausbreite und ungeschminkt vorzeige, dann soll ein anderer daraus lernen, sie zu meiden. Die Züge, die ich am meisten an mir schätze, gelangen zur Geltung eher dadurch, daß ich mich in Frage stelle als daß ich mich anpreise. Eben deshalb komme ich unentwegt und immer wieder darauf zu sprechen. Letztlich jedoch spricht man über sich selbst niemals ungestraft. Während Selbstkritik stets gut ankommt, wirkt sich Eigenlob nur nachteilig aus.

Meiner Veranlagung nach gehöre ich wohl zu den Menschen, die eher durch abstoßende als durch nachahmenswerte Beispiele belehrt werden, eher durch Abschreckung als durch Ansteckung. Der alte Cato hatte so etwas wie diese Einstellung im Sinn, wenn er sagt, für die Weisen gebe es mehr von den Toren zu lernen als für die Toren von den Weisen; und so auch jener Leierspieler, der, wie Pausanias berichtet, seine Schüler gezwungen habe, sich in der Nachbarschaft einen schlechten Spielmann anzu-

1 «Siehst du nicht, wie schlecht Albius' Sohn lebt? und die Misere des Barrus? Es soll uns eine Lehre sein, daß man sein Erbe nicht verschleudert» (Horaz, Sermones, I, IV, 109).

hören, damit sie dort lernen sollten, seine Mißklänge und Holprigkeiten unausstehlich zu finden. Der Abscheu vor der Grausamkeit bestärkt nachdrücklicher meine Neigung, friedfertig zu sein, als je ein Musterfall von Friedfertigkeit mich dazu anreizen könnte. Der Unterricht eines guten Reitlehrers macht mich nicht sattelfester als der Anblick eines Prokurators oder eines Venezianers zu Pferd; und ein schlechter Sprachgebrauch beeinflußt den meinigen vorteilhafter als ein guter. Allemal ermahnt mich der anderen törichtes Verhalten und läßt mich aufmerken. Anstößiges schreckt und rüttelt einen eher auf als das Gefällige. Es liegt an unserer Zeit, daß sie uns nur dann bessert, wenn wir uns von ihr abwenden, durch Mißbilligung mehr als durch Zustimmung, durch Anderssein mehr als durch Anpassung. Da ich durch gute Beispiele kaum belehrt werde, mache ich Gebrauch von den schlechten, deren Lektionen mir geläufig sind. Also bemühte ich mich, umgänglich zu sein, wo ich unerfreuliche Menschen antraf, stark, wo ich sie kraftlos, nachgiebig, wo ich sie widerborstig fand. Allerdings dürfte ich mir da zu hohe Maßstäbe gesetzt haben.

Der fruchtbarste und natürlichste Gebrauch unseres Geistes, für meinen Geschmack ist es das Gespräch. Sich darin zu üben halte ich für köstlicher als alles, was wir sonst in unserem Leben tun; und deshalb, wenn ich heute zu wählen hätte, ich glaube, ich würde lieber einwilligen, das Sehen einzubüßen als das Hören und Sprechen. Die Athener sowie noch die Römer hielten in ihren Akademien die Rede in hohem Ansehen. Einiges davon hat sich in unseren Tagen bei den Italienern erhalten, zu ihrem großen Gewinn, wie aus dem Vergleich unserer Umgangsformen mit den ihrigen erhellt. Das Bücherstudium ist letztlich eine zermürbende und fade Tätigkeit, die einen kalt läßt; das Gespräch dagegen belehrt und schult zugleich den Verstand. Lasse ich mich auf eine Diskussion mit einem eigensinnigen Geist und störrischen Widerpart ein, so treibt er mich wohl in die Enge, versetzt mir Hiebe nach Strich und Faden, und seine Argumente bringen die meinigen in Bedrängnis. Doch die Rivalität, der Ehrgeiz, der Wettstreit steigern mich und lassen mich über mich selbst hinauswachsen. Einhelligkeit ist eine durchaus unangebrachte Tugend in der Auseinandersetzung.

Wie unser Geist sich im Austausch mit kraftvollen und gefestigten Geistern ertüchtigt, so verkümmert und entartet er über die Maßen, wenn wir immer nur mit niedrig gesinnten und angekränkelten Geistern Verkehr und Umgang pflegen. Nichts wirkt so ansteckend wie dies. Ich weiß nur zu gut, wie wenig dabei herauskommt. Es macht mir Spaß zu streiten und zu schwadronieren, doch geht das nur mit wenigen Menschen und gilt nur für mich.

Denn für die Großen eine Schau zu veranstalten und mit seinem Witz und seinem Geschnatter hemmungslos Eindruck zu schinden, das, finde ich, ist für einen Mann von Welt ein höchst unschickliches Gehabe.

Die Dummheit ist eine schlechte Eigenschaft; aber sie nicht ertragen zu können und sich zähneknirschend darüber zu ärgern, wie es mir passiert, auch das ist eine Art von Gebrechen, die der Dummheit an Schädlichkeit nicht nachsteht; und ich stehe nicht an, diesen Fehler auch mir selbst vorzuhalten.

Ich lasse mich auf ein Gespräch oder eine Auseinandersetzung zunächst ganz frei und unbeschwert ein, da Voreingenommenheit bei mir kaum den geeigneten Boden findet, wo sie sich tief einwurzeln und gedeihen könnte. Keine Behauptung bringt mich aus der Fassung, keine Gesinnung verletzt mich, wie sehr sie mir auch gegen den Strich gehen mag. Da ist kein Hirngespinst so windig und so verstiegen, als daß ich es nicht als Auswuchs des menschlichen Geistes für bedenkenswert hielte. Da wir uns im Urteilen das Recht auf voreilige Entscheidungen versagen, betrachten wir die abwegigen Meinungen mit Nachsicht; und wenn wir ihnen nicht unsere Zustimmung geben, so leihen wir ihnen doch bereitwillig unser Ohr. Wo bei einer Waage die eine Schale gänzlich leer ist, da habe ich nichts dagegen, daß die andere, mit dem altweiberhaften Aberwitz beschwerte ein wenig schwankt. So denn sollte man es mir nachsehen, wenn ich mich lieber an ungerade Zahlen halte, lieber an den Donnerstag als an den Freitag; wenn ich lieber als der Zwölfte oder Vierzehnte denn als der Dreizehnte zu Tisch sitze; wenn ich es auf meinen Reisen vorziehe, einen Hasen zu sehen, der meinen Weg entlangläuft, als einen, der ihn kreuzt, und zum Schuheanziehen den linken vor dem rechten Fuß hinstrecke. All diese Spinnereien, wie sie bei uns weithin Anklang finden, verdienen wenigstens zur Kenntnis genommen zu werden. Für mich wiegen sie nur einen Hauch, aber doch immerhin einen Hauch. Sind doch dem Gewicht nach die volkstümlichen und haltlosen Meinungen in Wirklichkeit alles andere als nichtssagend. Wer dies wahrzuhaben sich sträubt, verfällt schließlich der Unart der Engstirnigkeit, um der des Aberglaubens zu entgehen.

Eine meinem eigenen Urteil widersprechende Auffassung brüskiert mich also nicht, noch bringt sie mich durcheinander; sie macht mich lediglich hellhörig und hilft mir auf die Sprünge. Wir gehen der Belehrung aus dem Weg, wo man sich ihr doch stellen und aussetzen sollte, zumal wenn sie uns in Form des Gesprächs begegnet und nicht von oben herab als Lehrvortrag. Bei jedem Einwand fragt man sich nicht etwa, ob er berechtigt ist, sondern wie man, zu Unrecht oder zu Recht, sich herausreden kann. Anstatt ihm die Hand zu reichen, zeigen wir ihm die Krallen. Ich würde es hinnehmen, von meinen Freunden grob angekeilt zu werden: Du bist ja ein Narr, ein spinniger Träumer. Ich mag es, wenn man sich unter gebildeten Menschen unverblümt ausdrückt und mit seinen Worten nicht hinter den Gedanken zurückbleibt. Wir müssen unser Gehör stärken und es abhärten gegen das einschmeichelnde Gesäusel salbungsvoller Worte. Im geselligen Umgang liebe ich eine herzhafte, männliche Offenheit, eine Freundschaft, in der man miteinander das Derbe und Deftige genießt, so wie in der Liebe das Beißen und Kratzen bis aufs Blut.

Sie kann nicht deftig und freimütig genug sein, wenn sie nur nicht streitsüchtig ist, wenn sie manierlich bleibt und der Form verpflichtet, Verletzungen vermeidet und die Zügel im Griff behält.

Neque enim disputari sine reprehensione potest.[2]

Wer sich gegen mich behauptet, erregt meine Aufmerksamkeit, nicht aber meinen Zorn; dem, der mir wider-

2 «Denn es läßt sich ohne Gegenrede nicht diskutieren» (Cicero, De finibus bonorum et malum, I, VIII).

spricht, der mich belehrt, komme ich entgegen. Dem einen wie dem anderen sollte es, wenn es um die Wahrheit geht, ein gemeinsames Anliegen sein. Was wird er nun antworten? Schon hat ja der aufbrausende Zorn seine Urteilsfähigkeit getrübt. Vor der Vernunft noch hat sich die Verwirrung seiner bemächtigt. Es wäre lohnend, über den Ausgang unserer Meinungsverschiedenheiten eine Wette abzuschließen; so nämlich würde, wenn wir verlieren, ein handfestes Ergebnis herauskommen; wir wüßten dann, wo wir dran wären, und mein Diener etwa könnte mir vorhalten: Voriges Jahr hat es Euch hundert Taler gekostet, in zwanzig Fällen deshalb, weil Ihr nicht Bescheid wußtet und rechthaberisch wart.

Ich bereite der Wahrheit einen festlichen und liebevollen Empfang, in wessen Händen ich sie auch antreffe, hocherfreut gehe ich auf sie zu, strecke bezwungen vor ihr die Waffen, schon wenn sie von ferne herannaht. Und wenn einer nicht gerade gebieterisch und besserwisserisch daherkommt, lasse ich die Einwendungen, die man gegen meine Schriften vorbringt, an mir abprallen; und oft schon habe ich sie mehr um der Höflichkeit denn um der Richtigstellung willen abgeändert: schließlich bin ich darauf bedacht, die ehrliche Absicht, mich aufzuklären, durch Nachgiebigkeit zu belohnen und zu ermuntern; jawohl, auf meine Kosten sogar. Allerdings ist es schwierig, dies meinen Zeitgenossen schmackhaft zu machen: sie fürchten, einem am Zeug zu flicken, weil sie fürchten, es könnte ihnen ebenso ergehen, und so reden sie immer mit Verstellung, wenn sie aufeinander treffen. Kritisiert und durchschaut zu werden, macht mir geradezu Spaß, so daß ich nichts dabei finde, wenn ich in die eine oder die andere Rolle gerate. Meine Vorstellungen widersprechen sich und verwerfen so oft sich selbst, daß es mir ganz gleich ist, ob es ein anderer tut: schon deshalb, weil ich seinen Tadel nur so weit gelten lasse, wie ich ihn für berechtigt halte. Gestohlen bleiben kann mir aber, wer da so auf dem hohen Roß sitzt wie eine mir bekannte Person, die in Klagen ausbricht, wenn man ihre Einwürfe zurückweist, und beleidigt tut, wenn man sich weigert, ihnen zu folgen. Daß Sokrates die Widerrede, die man gegen seine Darlegungen erhob, durchweg belustigt aufgriff, das, möchte ich sagen, machte seine Stärke aus, und da feststand, daß es ihm nur zum Vorteil ausschlagen konnte, ließ er sie gelten als Zugewinn für seinen Ruhm. Umgekehrt liegt es aber auf der Hand, daß wir auf nichts so gereizt reagieren wie auf eingebildete Vortrefflichkeit und Geringschätzung seitens des Gegners; dies unbeschadet der Tatsache, daß es dem Unterlegenen sehr wohl ansteht, aus freien Stücken die Entgegnungen hinzunehmen, die ihn zurechtstutzen und berichtigen. Ich jedenfalls gehe lieber mit denen um, die mir in die Zügel fallen, als mit denen, die vor mir davonlaufen. Ist es doch ein schales und unersprießliches Vergnügen, mit Leuten zu tun zu haben, die uns bewundern und uns stets den Weg freigeben. Antisthenes schärfte seinen Kindern ein, sich niemals dankbar oder erkenntlich zu erweisen gegen einen Menschen, der sie lobte. Ich empfinde weit mehr Stolz über den Sieg, den ich über mich selbst erringe, wenn ich in der Hitze des Gefechts, bezwungen durch die Macht der Argumente meines Gegners, in die Knie gehe, als wenn ich den über ihn errungenen Sieg seiner Schwäche zu verdanken habe.

Kurzum, ich bin bereit, jedweden Treffer hinzunehmen, der geradeheraus vollführt wird, so plump er auch sein mag; überaus ungehalten bin ich aber gegen Schläge, die keiner Regel gehorchen. Die Sache selbst läßt mich einigermaßen kalt, die Standpunkte sind mir einerlei, und welches Argument sich durchsetzt, ist mir ziemlich gleichgültig. Ich bin bereit, einen ganzen Tag lang friedlich zu diskutieren, wenn man im Wortgefecht sich an gewisse Regeln hält. Worauf es mir ankommt, das sind nicht so sehr Durchsetzungsvermögen und Gewandtheit wie eben die Grundregel. Die Spielregel nämlich, die man bei Streitereien von Schäfern und Ladenjungen allemal beobachtet findet, nie jedoch bei unseresgleichen. Wenn sie einmal über die Stränge schlagen, dann geschieht das aus Ungezogenheit, nicht anders als bei uns. Bei allem Gerangel und aller Ungehaltenheit treibt es sie aber nie ins Uferlose: ihr Wortwechsel entfernt sie nicht von ihrem Thema. Wenn sie einander ins Wort fallen, wenn sie sich nicht ausreden lassen, so machen sie sich doch wenigstens verständlich. Ich bin mit einer Erwiderung immer schon mehr als gut bedient, wenn sie auf meine Rede eingeht. Gerät aber die Auseinandersetzung außer Rand und Band, dann entgleitet mir die Sache, ich klammere mich stur und rücksichtslos an das Formale und versteige mich in eine starrköpfige, gehässige und herrische Art des Disputierens, die mich hernach erröten läßt.

Es führt zu nichts, sich mit einem Dummkopf gutwillig einzulassen. Unter der Fuchtel eines so aufgebrachten Herrn verkommt nicht nur mein Urteilsvermögen, sondern auch mein Gewissen.

Unsere Wortstreitereien sollten unterbunden und bestraft werden wie andere Verbalvergehen. Was für Mißhelligkeiten werden hier doch entfesselt und aufgetürmt, allemal gelenkt und beherrscht vom Zorn! Wir verfallen in Feindseligkeit, die sich zuerst gegen die vorgebrachten Gründe und dann gegen die Menschen richten. Wir befleißigen uns, nur um des Widerspruchs willen zu diskutieren, und wenn dann jeder nur noch widerspricht und jedem widersprochen wird, dann geschieht es, daß, als

Frucht der Diskussion, die Wahrheit aufgerieben wird und auf der Strecke bleibt. In seinem Staat verhängt deshalb Plato ein Verbot über diese Übung für ungebildete und unwürdige Geister.

Was erreicht ihr schon, wenn ihr, um die Welt zu erfahren, mit einem Weggenossen auszieht, der weder den Schritt noch die Gangart hat, auf die es ankommt? Die Sache leidet überhaupt nicht darunter, wenn man sie zunächst hintanstellt, um sich auf ein Verfahren zu besinnen, wie man sie anpacken kann. Dabei meine ich nicht die scholastische und regelstrenge Methode, ich meine die natürliche, die Methode des gesunden Menschenverstands. Worauf würde es denn sonst hinauslaufen? Einer zieht los nach Ost, der andere nach West; sie verlieren die Hauptsache aus den Augen, und verheddert in Nebensächlichkeiten geraten sie auf Abwege; am Ende einer sturmbewegten Stunde haben sie dann vergessen, was ihr Ziel war; der eine triffts unten, der andere oben, der dritte schießt vollends daneben. Da ist einer, der sich auf ein bestimmtes Wort, auf einen Parallelfall versteift; ein anderer, der hat sich dermaßen verrannt, daß er nicht mehr aufnimmt, was man ihm entgegenhält; und, über euren Kopf hinweg, möchte er nur seine Sache vorantreiben. Noch einer schließlich, ein Lendenlahmer, der wittert überall Gefahren, will sich auf nichts einlassen und bringt alles, worum es geht, durcheinander; oder aber er wirft kurzerhand die Flinte ins Korn, wenn der Disput gerade in Gang gekommen ist: aus grämlicher Unwissenheit, mit der Miene stolzer Verachtung oder unter Vorgabe einer jedem Streit abholden lächerlichen Bescheidenheit. Kann der aber einem eins auswischen, dann macht es ihm nichts aus, wieviel er sich dabei vergibt. Noch ein anderer reiht seine Worte so betulich auf, als wären es lauter Weisheiten. Ein weiterer baut einzig auf die Übermacht seiner Stimme und seiner Lungen. Überdies gibt es den, der mit seinen Schlußfolgerungen sich selbst widerlegt. Und jenen, der mit unnützen Vorreden und Abschweifungen einen zermürbt. Wie auch den, der mit bloßen Schmähungen um sich schlägt und einen Streit um des Kaisers Bart anzettelt, nur um sich von der Gesellschaft und dem Zureden eines Geistes, der ihm nicht geheuer ist, zu befreien. Einem letzten schließlich ist an der Sache nichts gelegen; gleichwohl setzt er alles daran, daß ihr nur ja nicht der Umschlingung entkommt, in die er euch mit seinen dialektischen Kniffen und dem Formelkram seiner Schulweisheit verstrickt.

Nun ja, wer kennt nicht den Argwohn gegen die Wissenschaften und hegt nicht seine Zweifel, ob er aus ihnen, so wie sie ausgeübt werden, auch einen handfesten Nutzen ziehen könne für die Bedürfnisse des Lebens: *nihil sanantibus litteris?*[3] Wen hat die Ausbildung in Logik schon gescheiter gemacht? Das vielversprechende Resultat, wo bleibt es? *Nec ad melius vivendum nec ad commodius disserendum.*[4] Stimmt es denn, daß die kreischenden Marktweiber mehr Unsinn verzapfen als die Schulfüchse in ihren öffentlichen Disputationen? Ich sähe lieber, daß mein Sohn in den Schenken reden lernte als in den Schulen der Schönrednerei. Nehmt einen Lehrmeister der Philosophie, redet mit ihm: wieso beeindruckt er uns nicht mit der Vorzüglichkeit seines Könnens, und bezaubert nicht die Frauen und die Ungebildeten, die wir sind, durch die Wundermacht seiner stichhaltigen Gründe, die Schönheit seines wohlformulierten Vortrags? Und wieso fesselt er uns nicht und überzeugt uns, so wie er es möchte? Ja warum spickt ein in der Sache und in der Handhabung so gut ausgebildeter Mensch seine Fechtkunst mit Beschimpfungen, Unverschämtheiten und Wutausbrüchen? Soll er doch seine Doktorinsignien, seinen Talar und sein Latein abstreifen und endlich aufhören, uns die Ohren mit lauter unvergorenem Aristoteles zu überschwemmen – er würde dann freilich mit uns auf einer Stufe stehen, wenn nicht

3 «Aus dem Bücherwissen, das nichts zu heilen vermag» (Seneca, Epistulae morales, LIX).

4 «Was weder zu einem besseren Leben noch zu einem besseren Gebrauch des Verstandes dient» (Cicero, De finibus, I, XIX).

darunter. Angesichts aber jener Sprachverschränkungen und -verrenkungen, mit denen sie uns belästigen, scheint es mir wie bei Taschenspielern zuzugehen: ihre Wendigkeit bedrängt und überrumpelt unsere Sinne, aber in keiner Weise erschüttert sie unseren Standpunkt. Außer dieser Wichtigtuerei vollbringen sie nichts, was nicht gewöhnlich und läppisch wäre. In ihrem Bestreben, gescheiter zu erscheinen, sind sie erst recht albern.

Gleichermaßen wie dem Wissen selbst gilt meine Liebe und Hochachtung denjenigen, die es besitzen; besteht doch in seinem richtigen Gebrauch die edelste und mächtigste Errungenschaft der Menschen. Bei jenen aber (und von deren Sorte gibt es unzählige), die darauf ihren Dünkel und ihr Selbstwertgefühl gründen, die ihre Urteilskraft nach ihrer Gedächtnisleistung bemessen, *sub aliena umbra latentes,*[5] und die ohne Buch nichts ausrichten, da hasse ich es, mit Verlaub gesagt, um einiges mehr noch als die reine Dummheit. In meinem Lande und in der heutigen Zeit zahlt sich die Schulwissenschaft für die Geldbeutel üppig aus und dürftig nur für die Seelen. Bemächtigt sie sich eines stumpfen Gemütes, dann liegt sie ihm schwer im Magen, eine rohe und unverdauliche Masse;

5 «Verborgen in eines anderen Schatten» (Seneca, Epistulae morales, XXXIII).

auf ein freieres Gemüt dagegen wirkt sie leicht reinigend und klärend, verfeinernd bis zur Entkräftung. Die Sache läuft in etwa auf dasselbe hinaus: für die wohlgeratene Seele eine gar nützliche Ausstattung, gefährlich jedoch und schädlich für die nicht so geartete; oder, besser gesagt, für denjenigen, der sich nicht auf Gedeih und Verderb darein verstricken läßt, eine immerhin hochschätzbare Übung: in des einen Hand ist sie ein Zepter, in der des anderen ein Narrenstab. – Aber fahren wir fort.

Könnt ihr euch einen größeren Sieg wünschen, als euren Gegner zur Einsicht zu bringen, daß ihr unschlagbar seid? Erweist sich euer Urteil überlegen, so gewinnt damit die Wahrheit; erweist ihr euch überlegen in der geregelten Beweisführung, so seid ihr der Gewinner. Es ist mir aufgefallen, daß bei Plato und Xenophon Sokrates eher zum Vorteil der Diskussionsteilnehmer als zum Vorteil des Diskussionsgegenstandes diskutiert: um so einem Euthydemos und einem Protagoras mehr noch die ihnen selbst eigene Unzulänglichkeit als die Unzulänglichkeit ihrer Kunst vor Augen zu halten. Ihm, der Nützlicheres bezweckt, als die Sache zu klären, ist jede Sache recht, wenn nur die Aufklärung der Geister gelingt, deren Leitung und Erziehung ihm am Herzen liegt. Wie wir unser Wild aufstöbern und jagen, hat sich nach dessen Verhalten zu richten: es ist nicht zu rechtfertigen, wenn wir dabei unsachgemäß und rücksichtslos vorgehen; was nicht heißt, die Beute durch die Lappen gehen zu lassen. Immerhin sind wir dazu geboren, die Wahrheit zu suchen; sie zu besitzen ist einer höheren Macht vorbehalten. Wie schon Demokrit bemerkte, ruht sie nicht tief verborgen in den Abgründen, sondern thront oben in der unendlichen Höhe des göttlichen Wissens. Die Welt ist lediglich eine Schule der Wahrheitssuche. Nicht wer den Ring sticht, ist unser Mann, sondern der, welcher die geschicktesten Anläufe vollführt. Wer das Richtige sagt, stellt sich womöglich ebenso dumm an wie der, welcher etwas Falsches behauptet: nicht was einer sagt, interessiert uns, sondern wie er es sagt. Ich jedenfalls bin so veranlagt, daß ich genauso auf die Form achte wie auf den Inhalt, genauso auf den Anwalt wie auf den Fall, so wie es Alkibiades zu tun anriet.

Mit Vergnügen lese ich denn täglich die Schriftsteller, von ihrem Wissen unbeeindruckt, gespannt auf ihre Ausdrucksweise, nicht auf ihre Aussage. Und so pflege ich den Austausch mit namhaften Geistern, nicht um von ihnen belehrt zu werden, sondern um sie kennenzulernen.

Ein jeder von uns kann etwas Richtiges sagen; aber es sachgemäß, bedachtsam und auf überzeugende Weise zu sagen, dazu sind nur wenige Menschen imstande. Insofern stört mich das Falsche, das der Unwissenheit entspringt, überhaupt nicht, das ist bloß töricht. Mehrfach habe ich

Geschäfte, bei denen es um meinen Vorteil ging, wegen des ungehörigen Geschäftsgebarens meiner Partner abgebrochen. Ich schaffe es, ein ganzes Jahr lang mich nicht über die Unarten der in meinem Dienst stehenden Leute aufzuregen: wo sie mir aber mit dummen und dreisten Behauptungen kommen, sich auf hanebüchene Ausreden und Rechtfertigungen versteifen, da sind wir alle Tage drauf und dran, uns in die Wolle zu geraten. Der Sinn sowohl für das, was man sagt, als auch warum, geht ihnen ab, und entsprechend fallen ihre Antworten aus; es ist zum Verzweifeln. Ich spüre nur, wie mein Kopf heftig mit einem anderen Kopf zusammenprallt, und leichter kann ich mich mit der Schludrigkeit meiner Leute abfinden als mit ihrer Unverfrorenheit, ihrer Störrigkeit und mit ihrer Dummheit. Sollen sie ruhig weniger leisten, wenn sie überhaupt etwas zu leisten imstande sind: so bleibt einem die Hoffnung, ihren guten Willen anzureizen; ein Klotz aber ist ein hoffnungsloser Fall und zu nichts zu gebrauchen.

Was nun, wenn ich die Verhältnisse anders sehe, als sie sind? Was ja sein kann; und insofern will ich mich für meine Ungeduld tadeln und ein für alle Mal festgestellt haben, daß sie gleichermaßen von Übel ist bei dem, der recht hat, wie bei dem, der unrecht hat: ist es doch stets eine anmaßende Verstocktheit, eine Haltung, die von der eigenen abweicht, nicht ertragen zu können; und in der Tat gibt es keine schlimmere, keine eingefleischtere und auch keine abwegigere Torheit als die, sich über die Torheit der Menschen aufzuregen und zu entrüsten. Dadurch nämlich schaden wir allein uns selbst. Und wenn es jenem Philosophen einer früheren Zeit [Heraklit] nur nach seinen eigenen Gefühlen gegangen wäre, so hätte er allen Grund gehabt, nur noch zu weinen. Als einer der sieben Weisen, Mison, von gleicher Gemütsart wie Timon und Demokrit, befragt wurde, worüber er so vor sich hin lache, antwortete er: Eben darüber, daß ich keinen Grund zu lachen habe.

Wie viele Dummheiten in Rede und Antwort gebe ich Tag für Tag von mir, schon meiner eigenen Einschätzung nach; und wie viele mehr werden es erst nach der Meinung anderer sein! Wenn ich schon mir deswegen auf die Zunge beiße, wie werden dann erst die anderen damit fertig? Kurzum, wir müssen mit den Lebenden leben und dem Strom unter der Brücke seinen Lauf lassen, ohne eingreifen zu wollen und, vor allen Dingen, ohne uns darüber aufzuregen. Sei's drum! – wenn wir doch die Begegnung mit jemandem, dessen Körper verwachsen und mißgestaltet ist, gelassen hinnehmen, wie sollten wir es nicht auch ertragen können, auf einen zuchtlosen Geist zu treffen, ohne daß uns der Zorn packt? Eine solch ungehörige Schroffheit hat mehr zu tun mit dem, der richtet, als mit dem beanstandeten Fehler. Wir sollten uns stets diesen Ausspruch Platos hinter die Ohren schreiben: Wenn ich etwas für ungesund erachte, liegt es dann nicht daran, daß ich selbst nicht gesund bin? Liegt die Schuld nicht bei mir selbst? Wird mein Urteil womöglich auf mich zurückschlagen? Ein weiser, ein göttlicher Merkspruch, der einen schlechthin über die ganze Menschheit verbreiteten Irrtum geißelt. Nicht nur die Vorwürfe, die wir uns gegenseitig machen, sondern auch unsere in strittigen Fragen angeführten Gründe und Argumente können oft genug gegen uns selbst umgewendet werden, und so schneiden wir uns ins eigene Fleisch. Gewichtige Beispiele dafür sind mir aus früheren Zeiten sattsam bekannt. Gar witzig und überaus treffend hat das ausgedrückt, der dieses Wort prägte:

Stercus cuique suum bene olet.[6]

Unsere Augen sehen nichts, was hinter ihnen liegt. Hundertmal täglich lästern wir über unseren Nachbarn und bemäkeln bei anderen die Fehler, die bei uns selbst noch ausgeprägter vorhanden sind, und betrachten sie fassungs-

6 «Angenehm duftet einem jeden der eigene Mist» (so ähnlich: Erasmus, Adagia, III, IV, 2).

los mit einer wundersamen Überheblichkeit und Verblendung. Gestern noch konnte ich erleben, wie ein kluger Mann von Stande sich ebenso witzig wie berechtigt über die dümmliche Art eines anderen lustig machte, der zum Davonlaufen alle Welt mit seinem Stammbaum und mit größtenteils falschen Verwandtschaftsbeziehungen behelligte (auf so etwas Dummes verfallen die Leute mit Vorliebe dann, wenn ihr gesellschaftlicher Rang eher zweifelhaft und nicht gerade astrein ist); und eben dieser, wenn er auf sich selbst eingegangen wäre, hätte sich kaum weniger ungehörig und mißliebig vorkommen müssen, da er es sich dann doch nicht verkneifen konnte, die Vortrefflichkeit der Familie seiner Frau zu verkünden und herauszustreichen. O wie peinlich der Dünkel, der hier der Frau vom eigenen Gatten angehängt wird! Auf lateinisch, wenn sie es verstünden, möchte man ihnen diesen Ratschlag verpassen:

Age! si haec non insanit satis sua sponte, instiga.[7]

Ich behaupte nicht, daß tadeln nur darf, wer selbst vollkommen ist; denn so dürfte niemand einen Tadel aussprechen; ja er muß nicht einmal frei sein von dem gleichen

7 «Nur zu! wenn sie nicht schon von sich aus närrisch genug ist, dann hilf du ihr doch nach» (Terenz, Andria, IV, II, 9).

Fehler. Dennoch meine ich, daß unser Urteil, wenn der Tadel einem hier betroffenen anderen gilt, uns nicht davon entbindet, mit uns selbst ins Gericht zu gehen. Ist es doch ein Gebot der Nächstenliebe, daß der, welcher seines eigenen Fehlers nicht Herr werden kann, wenigstens versucht, ihn dem anderen auszutreiben, bei dem er sich womöglich weniger schlimm und störend auswirkt. Auch scheint es mir nicht die richtige Antwort zu sein, dem, der mich auf meinen Fehler hinweist, entgegenzuhalten, daß auch er damit behaftet sei. Also was? Immerhin kann ein begründeter Verweis nichts schaden. Wäre unsere Nase in Ordnung, so müßte uns der eigene Unrat desto mehr stinken, weil es der unsrige ist. Das ist übrigens auch die Meinung des Sokrates: einer, der gleich wie sein Sohn und ein Fremder wegen Gewalttätigkeit und Rechtsbruch Schuld auf sich geladen hat, der sollte, wenn es vor dem Gericht sich zu verantworten gilt und zur Abbüßung seiner Schuld die Beihilfe des Henkers anzurufen, bei sich selbst damit anfangen und dies erst an zweiter Stelle seinem Sohn und zuletzt dem Fremden zumuten. Nimmt diese Empfehlung auch den Mund ein wenig zu voll, so hält sie doch den Hauptschuldigen dazu an, sich der Bestrafung durch das eigene Gewissen zu stellen.

Die eigens und vorab für uns maßgebenden Richter sind unsere Sinne, und wie sie die Dinge wahrnehmen, wird allein durch die äußeren Umstände bestimmt; so ist es kein Wunder, wenn bei durchweg allen unserer Gesellschaft dienlichen Vorgängen ständig und überall eine Mischung aus Förmlichkeiten und oberflächlichem Gehabe vorherrscht, so sehr, daß sie das wesentlichste und wirksamste Element unserer Gesittung ausmacht. Immer haben wir es mit dem Menschen zu tun, und der ist seinem Wesen nach höchst wundersam der Körperwelt verhaftet. Da brauchen sich jene, die uns während der letzten Jahre eine solch verinnerlichte und unstoffliche Ausübung der Religion einrichten wollten, nicht zu wundern, daß es etlichen so vorkam, sie könnte sich verflüchtigen und zwischen den Fingern zerrinnen, wenn wir sie nicht, stärker als sie es aus sich heraus vermöchte, in ihrer Eigenschaft als gesetztes Zeichen, Rechtstitel und Mittel der parteilichen Zuordnung und Abgrenzung bekräftigten. Genauso im Gespräch: das würdevolle Auftreten, das Amtskleid und das Vermögen eines Sprechers bewirken oft, daß hohle und nichtssagende Worte für bare Münze genommen werden; ist es doch unwahrscheinlich, daß ein so angesehener, so gefürchteter Herr nicht über mehr als landläufige Fähigkeiten verfüge, und daß ein Mensch, dem man so viele Aufgaben und Ämter anvertraut, der so herablassend und hochtrabend auftritt, nicht geschickter sein sollte als jener andere, der ihm von ferne seinen Gruß entbietet und dem niemand etwas zutraut. Nicht nur die Rede, auch das Mienenspiel wird aufmerksam verfolgt und zur Kenntnis genommen, wobei jeder sich bemüßigt fühlt, ihnen eine feine und gediegene Auslegung angedeihen zu lassen. Lassen sie sich aber zu einem gewöhnlichen Gespräch herab, und man läßt es ihnen gegenüber an Beifall und Ehrerbietung fehlen, dann erschlagen sie einen mit der Macht ihrer Erfahrung: das haben sie gehört, das gesehen, das getan; ihr werdet überhäuft mit Beispielen. Darauf würde ich ihnen am liebsten antworten, daß die Erfahrenheit eines Wundarztes etwas anderes ist als die Aufzählung seiner Eingriffe und das Vorweisen von vier Seuchefällen und drei Gichtbrüchigen, die er geheilt hat, wenn er nicht zugleich imstande ist, aus seinem Tun tiefere Einsichten zu gewinnen, und uns nicht davon überzeugen kann, daß er dabei für die Anwendung seiner Kunst dazugelernt hat. Wie bei einem Konzert hört man nicht eine Laute, ein Spinett und die Flöte; was man hört, ist der Wohlklang des Ganzen, die zur Frucht gerundete Vereinigung all dieser Instrumente. Wenn ihre Reisen und Tätigkeiten zu etwas gut waren, dann müssen sie es auch durch ihren gereiften Verstand beweisen. Die Erfahrungen bloß aufzuzählen genügt nicht, man muß sie auswerten und umsetzen können, man muß sie verdaut und filtriert haben, um die Lehren und Schlußfolgerungen, die in ihnen stecken, nutzbar zu machen. Niemals gab es so viele Geschichtsschreiber. Gut ist es schon und nützlich, sie anzuhören, denn sie versorgen uns mit einer Fülle von schönen und löblichen Lehren aus dem Speicher ihres Gedächtnisses; viele davon, ganz sicher, sind hilfreich fürs Leben; aber nicht darum geht es uns dieses Mal, wir wollen vielmehr herausfinden, ob diese Erzähler und Stoffsammler selbst unser Lob verdienen.

Jegliche Art von Überwältigung ist mir verhaßt, bestehe sie in Worten oder in Taten. Ich sträube mich entschieden gegen jenen protzigen Aufwand, der durch Sinnestäuschung unser Urteil bestechen will; und da ich ständig auf der Hut bin vor diesen großspurigen Herren, habe ich erkannt, daß sie bestenfalls Menschen wie du und ich sind,

Rarus enim ferme sensus communis in illa
Fortuna.[8]

Vielleicht werden sie deshalb weniger gewürdigt und anerkannt, als sie es tatsächlich verdienen, weil sie sich so viel mehr vornehmen und sich ins Licht stellen: sie haben sich eine Bürde aufgebunden, der sie doch gar nicht gewachsen sind. Der Träger muß seiner Last an Stärke und

8 «Ziemlich selten nämlich trifft man auf gesunden Menschenverstand in solch begünstigter Stellung» (Juvenal, Saturae, VIII, 73).

Leistung überlegen sein. Wer nicht gleich seine ganze Kraft einsetzt, läßt uns im Ungewissen, ob er wohl über Kräfte darüber hinaus verfüge und ob er schon zum Äußersten herausgefordert worden sei. Wer dagegen seiner Last erliegt, der entdeckt uns sein tatsächliches Maß, die mangelnde Kraft seiner Schultern. Aus diesem Grund findet man gerade unter den Gelehrten, mehr als sonstwo, so viele Versager: aus ihnen hätte man gute Hauswirte, gute Kaufleute, gute Handwerker machen können; darauf waren ihre natürlichen Anlagen zugeschnitten. Die Wissenschaft ist eine Sache von großem Gewicht; sie brechen darunter zusammen. Um diesen edlen und mächtigen Stoff bewältigen und umsetzen, ihn anwenden und verwerten zu können, darf es ihrem Naturell weder an Ausdauer noch an Geschicklichkeit fehlen: immer gehört dazu ein starker Charakter; der freilich ist selten heutzutage. Das Ansehen der Philosophie, sagt Sokrates, nimmt Schaden, wenn sie in die Hände von unberufenen Geistern fällt. Wo sie schlecht aufgehoben ist, erscheint sie nutzlos und abwegig. Jene aber schneiden sich auf diese Weise ins eigene Fleisch, und obendrein machen sie sich lächerlich,

Humani qualis simulator simius oris,
Quem puer arridens pretioso stamine serum

Velavit, nudasque nates ac terga reliquit,
Ludibrium mensis.[9]

So ist es denn nicht damit getan, daß diejenigen, die über uns herrschen und uns befehligen und die das Weltgeschehen beeinflussen, einen bloß gewöhnlichen Verstand besitzen und nur vermögen, was auch wir vermögen; sie stehen tief unter uns, wenn sie nicht ganz hoch über uns stehen. Da sie höhere Erwartungen wecken, sind sie auch zu Höherem verpflichtet; und folglich gereicht ihnen schweigende Zurückhaltung nicht nur zur Wahrung von Achtung und Würde, sondern oft auch zu ihrem Vorteil und Nutzen: Als so Megabysos einmal den Appelles in seiner Werkstatt besuchte, verharrte er lange, ohne ein Wort zu sagen, schließlich begann er dann doch, dessen Werke zu erörtern, was ihm diese deftige Abreibung einbrachte: Solange du geschwiegen hast, schienst du mir mit deinen Halsketten und deinem Pomp etwas Großartiges zu sein; jetzt aber, nachdem wir dich haben reden hören, bist du sogar bei meinen Lehrjungen unten durch. Mit dieser prächtigen Aufmachung, diesem großen Staat,

9 «Wie der Affe, dieser Nachahmer des Menschengesichts, den ein Knabe aus Spaß mit einem kostbaren Seidenstoff bekleidet, wobei er zur Belustigung der Tischrunde dessen Blöße und Hinterbacken unbedeckt läßt» (Claudian, In Eutropium, I, 303).

konnte er es sich nicht leisten, auf landläufige Art ein Ignorant zu sein und unsachgemäß über Malerei zu schwafeln: er hätte besser, stumm bleibend eben, auf die Wirkung seines blendenden Äußeren setzen sollen. Wie vielen schalen Köpfen kam es zu meiner Zeit schon zustatten, daß sie ein frostiges und wortkarges Gehabe für Weisheit und Tüchtigkeit verkauften!

Wem die Würden und Ämter zufallen, das hängt nun einmal eher vom Ansehen als vom Verdienst ab; und oft ist es ein Unrecht, dies den Königen zu verargen. Man staunt im Gegenteil, daß sie bei so wenig Eignung noch so viel Erfolg haben:

Principis est virtus maxima nosse suos.[10]

Schließlich hat die Natur sie nicht mit dem Scharfblick begabt, der sie befähigte, ganze Völker zu überschauen, um sie auf ihre Vortrefflichkeit hin zu prüfen und uns ins Herz zu sehen, in den Sitz unseres Strebens und unserer besten Anlagen. Notgedrungen lassen sie sich bei der Auswahl aufs Geratewohl von Mutmaßungen leiten, wie von der Herkunft, dem Besitzstand, der Ausbildung, der

10 «Höchste Tugend eines Fürsten ist es, seine Untertanen zu kennen» (Martial, Epitgrammata, VIII, XV).

Stimme des Volkes: alles höchst unzureichende Gründe. Wäre einer in der Lage, hier Mittel und Wege zu einer billigen Beurteilung zu finden und unter den Menschen die vernunftgemäße Wahl zu treffen, er würde allein schon dadurch ein vollkommenes Regime einrichten.

Nun ja, er hat doch immerhin jene gewichtige Angelegenheit geregelt. Das will schon etwas heißen, aber es heißt längst nicht alles: denn immer noch gilt der Satz, daß man Beschlüsse nicht vom Endergebnis her bewerten darf. Die Karthager bestraften die Fehlentscheidungen ihrer Anführer auch dann, wenn sie durch einen glücklichen Ausgang wieder behoben wurden. Auch hat das römische Volk des öfteren davon Abstand genommen, große und höchst nützliche Siege triumphal zu feiern – weil die Handlungsweise des Befehlshabers mitnichten seine Erwartungen befriedigte. Bei Betrachtung der Weltläufte fällt immer wieder auf, daß Fortuna, die sich zum Beweis ihrer Macht daran weidet, unsere Einbildung zunichte zu machen, gerade die Unfähigen, wenn sie sie schon nicht mit Weisheit ausstatten konnte, mit ihrer Gunst beschenkt – und dies wahrer Tüchtigkeit zum Trotz. Und ganz besonders hat sie ihre Hand da im Spiel, wo man alles auf ihre Karte gesetzt hat. Daher kann man tagtäglich erleben, daß die Einfältigsten unter uns, im Öffentlichen wie im Privaten, gar wichtige Aufgaben besorgen. Und wenn Siranes der Perser denen, die sich wunderten, wieso seine Geschäfte bei aller Weisheit seiner Anordnungen so schlecht gediehen, erklärte, er allein wäre zwar der Herr seiner Worte, für den Erfolg seiner Geschäfte aber sei Fortuna zuständig, dann können jene anderen genau dies ihm vorhalten, freilich aus einem entgegengesetzten Blickwinkel. Die meisten Dinge auf der Welt geschehen von selbst,

Fata viam inveniunt.[11]

Oft genug rechtfertigt der Erfolg eine überaus törichte Handlungsweise. Was wir dazu beitragen, ist eigentlich nur ein gewohnheitsmäßiges Tun und im allgemeinen eher durch Gepflogenheiten und Muster bestimmt als durch Vernunft. Beeindruckt von der Tragweite des Unternehmens habe ich mich gelegentlich bei denen, die es ausgeführt hatten, nach ihren Antrieben und ihrem Vorgehen erkundigt: da bin ich nur auf Allerweltserkärungen gestoßen; und diese, die allergewöhnlichsten und abgenutztesten, sind vielleicht auch die erträglichsten und für die Praxis brauchbarsten, wenn auch nicht dazu angetan, Aufsehen zu erregen.

11 «Das Geschick bahnt sich seinen Weg» (Vergil, Aeneis, III, 395).

Was nun, wenn die flachsten Überlegungen die zuverlässigsten sind, wenn die schäbigsten und läppischsten, die abgedroschensten, sich als die für die Amtsführung tauglicheren anbieten? Um die Autorität der königlichen Ratsversammlung zu sichern, ist es nicht erforderlich, daß Außenseiter daran teilnehmen und ihren Blick über die ihnen gesetzten Grenzen hinaus ausdehnen. Das Ansehen des Rates steht und fällt mit der Fähigkeit zu erreichen, daß man ihm blind seine Vertrauenswürdigkeit abnimmt. Immerhin soweit kann ich mich in die Sache hineindenken und Betrachtungen anstellen über das, was mir vorderhand auffällt; das, worauf es entscheidend und hauptsächlich ankommt, habe ich mir angewöhnt dem Himmel zu überlassen:

Permitte divis caetera.[12]

Das Glück und das Unglück sind nach meinem Ermessen beide selbstherrliche Mächte. Unklug ist es zu meinen, die menschliche Klugheit könne die Rolle des Schicksals übernehmen. Und aussichtslos ist das Unterfangen dessen, der sich einbildet, Ursachen und Wirkungen zugleich zu beherrschen und mit eigener Hand den Fortgang sei-

12 «Das übrige stelle den Göttern anheim» (Horaz, Carmina, I, IX, 9).

nes Tuns auszurichten; aussichtslos erst recht bei kriegerischen Maßnahmen. Niemals wurde mehr Umsicht und militärische Besonnenheit aufgewandt als dies von Mal zu Mal auf unserer Seite geschah: vermeidet man etwa, in sein Verderben zu rennen, wenn man sich bis zuletzt gegen den schlimmen Ausgang dieses Spiels verwahrt?

Ich gehe so weit zu sagen, daß selbst unsere Besonnenheit und unsere Umsicht sich zum größten Teil vom Zufall leiten lassen. Mein Sinnen und Trachten folgt bald der einen, bald der anderen Stimmung, und oft genug ergeben sich diese Schwankungen von selbst, ohne mein Zutun. Mein Denken unterliegt den Eingebungen und Anstößen des jeweils zufälligen Tagesgeschehens:

Vertuntur species animorum, et pectora motus
Nunc alios, alios dum nubila ventus agebat,
Concipiunt.[13]

Man braucht sich nur umzuschauen, wer in den Städten die Mächtigsten sind und wer seine Sache besser macht: durchweg wird man feststellen, daß es eher die minder Befähigten sind. Es ist vorgekommen, daß Frauen, Kinder

13 «Es wandelt sich ständig die Verfassung der Seelen, und bald folgt das Herz dem einen, bald dem anderen Triebe, wie gerade der Wind mit den Wolken spielt» (Vergil, Georgica, I, 420).

und Irrwitzige die Lenkung ansehnlicher Gemeinwesen so ausrichteten wie sonst nur die berufensten Fürsten. Und die sich hierbei hervortun, das sind, wie Thukydides sagt, eher die schlichten Gemüter als die gewitzten. Was in Wirklichkeit Glückstreffer sind, schreiben wir ihrer umsichtigen Klugheit zu.

Ut quisque fortuna utitur
Ita praecellet, atque exinde sapere illum omnes dicimus.[14]

Darum sage ich rundheraus, daß das Endergebnis ein schwacher Beweis für unseren Wert und unser Verdienst ist.

Ich unterstand mich zu behaupten, es genüge, eine Person als mit Amt und Würden ausgestattet zu sehen: auch wenn wir sie drei Tage zuvor noch als einen unscheinbaren Menschen erlebt haben, wird unsere Meinung jetzt unversehens durch eine Vorstellung von Größe und Tauglichkeit gefärbt, und wir reden uns ein, daß mit zunehmendem Prunk und Einfluß auch er selbst an Vortrefflichkeit zugenommen habe. Wir beurteilen ihn nicht nach

14 «Einer bewährt sich in dem Maße, wie er das Glück zu nutzen versteht, und fortan bekommt er von uns allen Sachverstand nachgesagt» (Plautus, Pseudolus, II, III, 15).

seinem Wert, sondern, wie es bei Spielmarken üblich ist, nach dem Rang der von ihm besetzten Stelle. Reißt aber die Glückssträhne ab, so daß er abstürzt und wieder untertaucht in der Masse, dann fragt sich jeder erstaunt, wieso er nur so hoch habe aufsteigen können. Der da? heißt es nun; war das schon alles, was er da oben vermochte? sind die Fürsten so leicht mit sich zufrieden? da waren wir ja weiß Gott in guten Händen! Dergleichen habe ich oft erlebt zu meiner Zeit. Nun, irgendwie beeindrucken uns ja auch die Masken großer Herren, die im Theater auftreten, und wir gehen ihnen auf den Leim. Was ich an den Königen verehre, das ist eigentlich der große Haufe ihrer Verehrer. Sie haben ein Recht auf jegliche Huldigung und Unterordnung, nicht aber auf die Unterwerfung des Verstandes. Meine Vernunft ist nicht dazu da, sich zu krümmen und zu beugen, wohl aber sind es meine Knie.

Von Melanthios wollte man hören, was sein Eindruck von der Tragödie des Dionysios wäre: Die habe ich überhaupt nicht gesehen, sagte er, so sehr war sie in eine dunkle Sprache eingehüllt. Das können auch die meisten sagen, die sich ein Urteil über die Redeweise der Großen bilden: Ich habe nicht verstanden, was er meinte, es war ja so sehr verdunkelt durch ein feierliches, großmächtiges und hoheitsvolles Gepränge.

Antisthenes wollte eines Tages die Athener überreden, sie möchten verordnen, daß ihre Esel zum Pflügen der Äcker ebenso eingespannt werden wie die Pferde; worauf er die Antwort erhielt, dieses Tier wäre nicht geschaffen zu einem solchen Dienst: Das macht nichts, erwiderte er, es geht nur darum, daß ihr es anordnet; denn die unwissendsten und unfähigsten Männer, die ihr zu Befehlshabern in euren Kriegen einsetzt, bewähren sich nichtsdestoweniger auf einmal als durchaus brauchbar, eben weil ihr sie dazu eingesetzt habt.

Dem entspricht der Brauch mancher Völker, die den aus ihrer Mitte erwählten König für heilig erklären und erst zufrieden sind, wenn sie den, dem sie ihre Verehrung darbringen, auch anbeten können. Sind bei den Mexikanern die Krönungsfeierlichkeiten einmal vollzogen, dann wagen sie es nicht mehr, ihrem König ins Angesicht zu schauen: er dagegen, durch die Königswürde zu ihrem Gott erhoben, schwört nicht nur, wie sie es von ihm verlangen, ihre Religion, ihre Gesetze, ihre Freiheiten zu schützen, tapfer, gerecht und gütig zu sein, sondern obendrein, dafür zu sorgen, daß die Sonne in ihrem gewohnten Glanz erstrahle, die Wolken zur rechten Zeit Regen spenden, die Ströme ihren Lauf einhalten und die Erde all die Früchte hervorbringe, die sein Volk zum Leben benötigt.

Ich bin mit diesem Brauch nicht einverstanden, und mein Argwohn gegenüber solcher Machtvollkommenheit wächst noch, wenn ich sehe, wie sie hochansehnlich und begünstigt von der Volksmeinung daherkommt. Wir müssen wachsam im Auge behalten, wie mächtig es auf eine ehrerbietige und eingeschüchterte Zuhörerschaft wirkt: wenn man im richtigen Moment das Wort ergreift, die eigene Stellung ausspielt, die Verhandlung abbricht oder ihr mit einem Machtwort eine neue Wendung gibt, – wenn man sich der gegnerischen Einwürfe durch eine bedeutsame Kopfhaltung, durch Lächeln oder Schweigen zu erwehren versteht.

Ein Mann von unheimlicher Machtfülle mischte sich in ein harmloses Gespräch ein, das in aller Unbeschwertheit an seiner Tafel geführt wurde, und um seine Meinung zum besten zu geben, begann er doch tatsächlich folgendermaßen: Nur ein Lügner oder ein Schwachkopf wird etwas anderes behaupten, als daß ... etc. Merkt euch diesen Witz – mit dem Dolch in der Hand.

Hier noch eine Überlegung, von der ich reichlichen Gebrauch mache: die nämlich, daß in Auseinandersetzungen und Unterredungen nicht jedes Wort, das uns gut ausgedrückt scheint, sofort auch für bare Münze zu nehmen ist. Die meisten Menschen schmücken sich mit fremden Federn. Da mag es vorkommen, daß einer einen hübschen

Ausspruch tut, eine treffende Antwort oder Bemerkung vorbringt, und sie ins Feld führt, ohne sich über ihren Gehalt Rechenschaft abzulegen. Daß man nicht alles verbürgt, was man entlehnt, dafür bin vielleicht ich selbst der beste Beweis. Man darf sich keineswegs von solchen Äußerungen ohne weiteres beeindrucken lassen, so richtig und schön sie auch sein mögen. Sei es, daß man tunlichst dagegen ankämpft, sei es, daß man sie nicht zu verstehen vorgibt und sich vorbehält, sie eingehend daraufhin abzuklopfen, wo bei ihrem Urheber der Hase im Pfeffer liegt. Es kann sonst geschehen, daß wir ihm ins offene Messer rennen und so den Stich, der uns gar nicht gilt, durch eigenes Verschulden abbekommen. In der Not und Bedrängnis des Wortgefechts habe ich gelegentlich Wendemanöver vollführt, die zu größerem Vorteil ausschlugen, als ich es mir ausdenken und erhoffen konnte: ich argumentierte einfach drauflos und traf damit ins Schwarze. Wenn ich es im Streit mit einem starken Gegner gern darauf anlege, seine Schlüsse vorwegzunehmen, wenn ich ihn der Mühe enthebe, sich zu erklären, und versuche, seiner noch unfertigen, aufkeimenden Vorstellung vorzugreifen (schon von ferne kriege ich spitz, was es mit seiner Intelligenz, ihrer Ausrichtung und Schärfe, auf sich hat), so halte ich es mit dem anderen genau umgekehrt: hier kommt es nicht auf Mutmaßungen an, sondern einzig auf das, was sie sagen. Wenn sie sich in allgemeinen Urteilen äußern wie: Das hier ist gut, das dort ist nicht gut, und damit richtig liegen, dann fragt euch, ob sie das richtige Wort nicht dem Zufall verdanken.

Sie täten gut daran, ihr Urteil etwas einzugrenzen und zuzuspitzen: warum dies, inwiefern das. Solche Allerweltsurteile, wie sie mir auf Schritt und Tritt begegnen, besagen nichts. Das da sind Herrschaften, die einer versammelten Volksmenge insgesamt ihren Gruß entbieten. Wer sich in den Verhältnissen auskennt, der grüßt, indem er die Leute persönlich und mit ihrem Namen anspricht. Sonst kann die Sache leicht schiefgehen. Mir verging kein Tag, an dem ich nicht mindestens einmal erlebte, wie unselbständige Geister, wenn sie sich mit dem Hinweis auf die besondere Schönheit eines gelesenen Werkes als gewiefte Kenner aufspielen wollten, für ihre Bewunderung eine so schlechte Wahl trafen, daß sie, anstatt uns die Vortrefflichkeit des Autors vorzuführen, uns nur ihre eigene Unkenntnis verrieten. Auszurufen: Ach wie schön! das ist unverfänglich, wenn man eine Seite Vergil in der Originalfassung zu hören bekommt. Damit ziehen sich die Schlauberger aus der Affäre. Doch wenn sie ihm Zeile für Zeile folgen und mit einem fein abgestimmten Urteil angeben wollen, wo ein guter Autor sich steigert, wo er über sich hinauswächst, und dann noch versuchen, zugleich

Worte, Stil und Einfälle von Fall zu Fall abzuwägen – dergleichen könnt ihr vergessen.

Videndum est non modo quid quisque loquatur, sed etiam quid quisque sentiat, atque etiam qua de causa quisque sentiat.[15]

Ich höre täglich, wie Dummköpfe Sachen sagen, die eigentlich nicht dumm sind. Sie sagen etwas im Grunde Zutreffendes; nur sollten wir uns da vergewissern, wie weit sie selbst auch verstehen, was sie sagen, und nachprüfen, wie sie darauf gekommen sind. Wir machen es ihnen zu leicht, mit diesem schönen Wort oder jener schönen Idee, die nicht ihre eigene ist, zu glänzen; dabei haben sie sie bloß geborgt: sie führen sie auf gut Glück ins Feld, gleichsam sich vortastend; wir halten es ihnen zugute. Ja man greift ihnen noch unter die Arme. Wieso eigentlich? Sie wissen euch keinen Dank, und ihre Dummheit schießt weiter ins Kraut. Springt ihnen nicht noch bei, laßt sie in ihrem Saft schmoren. Sie werden diese Dinge wie Leute behandeln, die Angst haben, sich die Finger zu verbrennen; sie trauen sich nicht, den einmal eingenommenen

15 «Zu beachten ist nicht nur, was er sagt, sondern auch, was er meint, und dann auch, aus welchem Grunde er es meint» (Cicero, De officiis, I, XLI).

Standpunkt und Blickwinkel zu verändern, geschweige denn tiefer zu schürfen. Ihr braucht nur ein bißchen daran zu zupfen, und schon entgleitet ihnen das Ganze: sie treten es an euch ab, so schön und stark es sein mag. Es ist wie mit schönen, aber ziemlich unhandlichen Waffen. Wie oft habe ich das schon bestätigt gefunden. Indessen, wenn ihr sie aufklären wollt und ihnen auf die Sprünge helfen, dann schnappen sie danach und eignen sich kurzerhand an, was an eurer Auslegung richtiger ist: Das wollte ich doch sagen; das ist genau meine Auffassung; wenn ich es nicht so ausgedrückt habe, dann nur deshalb, weil mir die passenden Worte fehlten. Pfeift darauf! Um solch anmaßende Dummheit auszumerzen, muß man schlechthin rücksichtslos gegen sie vorgehen. Der Grundsatz des Hegesias, man solle nicht hassen und nicht maßregeln, sondern unterweisen, hat anderswo seine Berechtigung; hier jedoch widerspricht es aller Billigkeit und Menschlichkeit, durch Beihilfe und Ermunterung noch dazu beizutragen, daß einer, ohne etwas davon zu haben, sich nur noch mehr entwürdigt. Ich lasse sie gern auflaufen und tiefer noch, als sie es schon sind, im Sumpf versacken, so tief womöglich, daß sie endlich sich selbst erkennen.

Dummheit und Verblendung lassen sich nicht mit einem Schlag durch Zurechtweisung kurieren. Solchem

Besserungsversuch können wir wörtlich entgegenhalten, was Kyros dem erwiderte, der ihn drängte, sein Heer im vollen Gange einer Schlacht anzufeuern: nämlich daß die Männer auch durch eine treffliche Ansprache nicht schlagartig tapfer und kampfesmutig werden, wie man ja auch durch das Anhören eines schönen Liedes nicht gleich zum guten Musiker wird. Das sind Künste, die man sich nur von langer Hand, durch ein langwieriges und beharrliches Studium, erwerben kann.

Wir schulden unseren Angehörigen, daß wir uns um sie kümmern, daß wir unermüdlich darauf bedacht sind, sie zu erziehen und zu belehren; aber jedem Hergelaufenen ins Gewissen zu reden und dem Erstbesten seine Begriffsstutzigkeit und Torheit auszutreiben, das ist ein Brauch, dem ich nichts Gutes abgewinnen kann. Selbst in Gesprächen, an denen ich beteiligt bin, tue ich es selten, und lieber halte ich mich aus allem heraus, als daß ich mich auf solch abgeschmackte und schulmeisterliche Belehrungen einlasse. Auf Einfaltspinsel einzureden ist genauso wenig mein Fall wie für sie zu schreiben. So falsch und ungereimt meines Erachtens die in einer Versammlung oder sonstwo vorgetragenen Meinungen auch sein mögen, ich greife da nicht ein, weder mit Worten noch mit Gebärden. Überhaupt bringt mich bei der Dummheit nichts so sehr in Harnisch wie ihre Selbstgefälligkeit, die bei weitem in den Schatten stellt, was der Verstand an begreiflicher Selbstgefälligkeit je aufzubringen vermag.

Es ist mißlich, daß die Weisheit uns verbietet, mit uns selbst zufrieden und auf uns stolz zu sein und daß sie uns stets unbefriedigt und nachdenklich zurückläßt, während die Sturheit und die Dreistigkeit ihre Vertreter mit Behagen und Selbstbewußtsein erfüllen. Bezeichnenderweise blicken die am wenigsten Befähigten auf die anderen Menschen von oben herab, gehen sie doch aus allen Auseinandersetzungen von Stolz und Kraft geschwellt hervor. Und überdies verleiht die anmaßende Sprache und zur Schau getragene Unbeschwertheit ihnen ein Siegeransehen beim Publikum, das ja gemeinhin blöde ist und außerstande, wahre Überlegenheit zu erkennen und gebührend zu würdigen. Verbohrtheit und Rechthaberei sind der sicherste Beweis der Dummheit. Gibt es ein Geschöpf, das so eigensinnig, störrisch, mürrisch, weltfremd, schwerfällig und altklug wäre wie der Esel?

Sollten wir nicht im Sinne des Gesprächs und der Verständigung die witzigen und launigen Bemerkungen anbringen dürfen, wie sie der unter Freunden üblichen Aufgeräumtheit und Vertraulichkeit entspringen, wenn sie vergnügt und ausgelassen einander necken und zum besten haben? Solcher Übung kommt mein heiteres Gemüt naturgemäß entgegen. Und ist sie auch nicht so beflissen und ernsthaft wie jene zuvor erwähnte Übung, so ist sie doch nicht weniger spritzig und geistvoll und, wie auch Lykurg meint, nicht weniger ergiebig. Ich für meinen Teil setze hier mehr auf meine Unvoreingenommenheit als auf meinen Scharfsinn, und mehr als die Findigkeit kommt mir dabei das Glück zustatten; freilich bin ich auch schön hart im Nehmen, denn Gegenschläge, nicht nur deftige, sondern auch unglimpfliche, verwinde ich mit Gleichmut. Auch wenn man mir eins auswischt und ich nicht auf der Stelle zu parieren in der Lage bin, juckt es mich überhaupt nicht, die betreffende Sache, um der Rechthaberei willen, in einem ärgerlichen und zermürbenden Streit auszufechten: ich lasse sie laufen und, indem ich mich frohgemut taub stelle, vertage ich meine Abrechnung auf einen günstigeren Moment. Kein Kaufmann macht auf Anhieb nur Gewinn. Die meisten Menschen verändern Miene und Stimme, wenn sie in Bedrängnis geraten, und statt herauszugeben offenbaren sie mit ihrer unangebrachten Wut nur ihre Schwäche und Unbeherrschtheit. Mit solchem Imponiergehabe reizen wir gar leicht die verborgenen Saiten unserer Unzulänglichkeit, die aber sollten wir, auf Frieden bedacht, nicht ungestraft antasten; nur so machen wir uns zum gegenseitigen Nutzen auf unsere Fehler aufmerksam.

Zwar gibt es auch handgreifliche, unfaire und ausartende Spiele auf französische Art, und die hasse ich wie die Pest: ich bin zartbesaitet; und doch habe ich mitansehen müssen, daß zwei unserer Fürsten aus königlichem Geblüt zu Grabe getragen wurden. Ein Spiel auf Leben und Tod, das ist widerwärtig.

Doch hiervon abgesehen – wenn ich mir über jemanden eine Meinung bilden will, frage ich ihn, was er von sich selbst hält, welchen Wert er seinem Reden und seinem Werk von sich aus beimißt. Da lasse ich mich nicht abspeisen mit solch schönen Ausflüchten wie: Ich habe es zu meinem Vergnügen getan;

Ablatum mediis opus est incudibus istud;[16]

ich habe mich nicht eine Stunde lang damit abgegeben; dann war es mir aus dem Sinn. – Nun gut, sage ich, Schwamm darüber, aber nennt mir ein anderes, wo ihr ganz dahinter steht, auf Grund dessen ihr gern gemessen werden wollt. Und weiter: Auf was in eurer Arbeit haltet ihr euch am meisten zugute? Ist es dies oder ist es das? etwa der Sinn für Schönheit, der Stoff, der Ideenreichtum, die Urteilskraft oder der Sachverstand? Immer wieder

16 «Halbfertig ging vom Amboß das Werk» (Ovid, Tristes, I, VII, 29).

nämlich stelle ich fest, daß man sich in der Beurteilung seines eigenen Schaffens ebenso irren kann wie in der Beurteilung desjenigen eines anderen, nicht bloß wegen der Befangenheit, die sich hier auswirkt, sondern auch weil einem die Fähigkeit abgeht, es zu ergründen und einzuschätzen. Kann doch das Werk, aus eigener Kraft und begünstigt von den Umständen, seinen Schöpfer über dessen Vorstellung und Wissen hinaus steigern und gar überflügeln. Ich jedenfalls fische bei der Bewertung fremder Leistung nicht minder im Trüben als bei der meiner eigenen: mal schätze ich meine Essays hoch, mal gering ein, immerzu hin- und hergerissen.

Es gibt manche wegen ihres Inhalts nützliche Bücher, die dem Autor keinerlei Ruhm eintragen, und ernsthafte Bücher, zumal ernsthafte Abhandlungen, die ihren Verfasser in Verruf bringen. So könnte ich über unsere Gelage und unsere Kleidermode schreiben, und was ich schriebe, gälte als abgeschmackt; ich könnte die amtlichen Verordnungen meiner Zeit herausgeben sowie die Sendschreiben der Fürsten, sofern sie für das Volk bestimmt sind; ich könnte von einem guten Buch einen Abriß anfertigen (freilich ist der Abriß eines guten Buches immer eine fade Sache), und selbiges Buch wäre damit schon durchgefallen, und so auch vergleichbare Fälle. Die Nachwelt zöge aus solchen Schriften einen beträchtlichen Nutzen; ich jedoch – was für eine Ehre schon, wenn ich nicht gerade großes Glück habe? So verhält es sich mit einem guten Teil ausgezeichneter Bücher.

Als ich einmal, lange ist es her, Philippe de Commines las, einen gewiß vorzüglichen Schriftsteller, stieß ich auf diese verblüffende Bemerkung: daß man sich hüten müsse, im Dienst seines Herrn so weit zu gehen, daß dieser in die Verlegenheit gerate, einen nicht mehr angemessen belohnen zu können. Hier verdient die Idee, nicht aber der Autor gelobt zu werden; sie begegnete mir unlängst auch bei Tacitus: *Beneficia eo usque laeta sunt dum videntur exolvi posse; ubi multum antevenere, pro gratia odium redditur.*[17] Und unumwunden spricht es Seneca aus: *Nam qui putat esse turpe non reddere, non vult esse cui reddat.*[18] Nachsichtiger ist da Q. Cicero: *Qui se non putat satisfacere, amicus esse nullo modo potest.*[19]

Die Aussage, als solche, verleitet dazu, sich dahinter einen gelehrten und weltkundigen Zeitzeugen zu denken;

17 «Wohltaten sind so lange willkommen, wie man sich imstande sieht, sie zu vergelten; gehen sie weit darüber hinaus, so schlägt die Dankbarkeit in Haß um» (Tacitus, Annales, IV, XVIII).

18 «Denn wer einen Schimpf darin sieht, nicht zurückzahlen zu können, möchte lieber, daß es den, in dessen Schuld er steht, gar nicht gibt» (Seneca, Epistulae, LXXXI).

19 «Der kann mitnichten ein Freund sein, wer meint, nichts schuldig bleiben zu dürfen» (Quintus Cicero, De petitione consulatus, IX).

will man aber beurteilen, wo hier sein ganz persönlicher Anteil und sein tatsächliches Verdienst liegen, worin die Stärke und Vorzüglichkeit seines Geistes bestehen, dann muß man wissen, was wirklich von ihm und was nicht von ihm stammt, und wieviel von dem, was nicht von ihm stammt, hinsichtlich der Auswahl, der Gliederung, der Ausschmückung und des Stils, womit er aufwartet, ihm selbst zu verdanken ist. Was nun, wenn er den Stoff geborgt und die Form verhunzt hat, was ja oft vorkommt? Wir, die wir uns in der Literatur weniger gut auskennen, tun uns hier schwer; auch wenn wir bei einem neueren Dichter auf einen hübschen Einfall, bei einem Prediger auf einen durchschlagenden Beweis stoßen, zögern wir, sie deswegen zu loben, solange wir nicht die Auskunft eines Kundigen darüber eingeholt haben, ob jenes Teilstück auf ihrem eigenen oder ob es auf fremdem Boden gewachsen ist. Bis dahin bleibe ich auf der Hut.

Unlängst habe ich das Geschichtswerk des Tacitus in einem Zug durchgelesen (was bei mir nicht gerade oft vorkommt: in zwanzig Jahren verwendete ich nicht eine Stunde am Stück aufs Bücherlesen), und ich tat es auf Anraten eines Edelmanns, der sich in Frankreich sowohl wegen seines persönlichen Wertes als auch wegen seiner nie versagenden Zuverlässigkeit und Rechtschaffenheit eines hohen Ansehens erfreut, was übrigens gleichermaßen, so viele es sind, auch für seine Brüder gilt. Ich wüßte keinen anderen Schriftsteller, der bei der Aufzeichnung öffentlicher Begebnisse dem Treiben und Trachten von Einzelpersonen so große Beachtung zollte. Allerdings dünkt mich das Gegenteil von dem, was ihm vorschwebt: wenn er vornehmlich die in jeder Erscheinung so absonderlichen und maßlosen Lebensläufe der damals regierenden Kaiser mit all ihren berüchtigten Untaten, wie namentlich der grausamen Behandlung seiner Untertanen, nachzeichnet, dann steht ihm hier für seine Darlegung und Schilderung ein weit packenderer und anziehenderer Stoff zu Gebote als da, wo er von Schlachten und außenpolitischen Streitfällen zu berichten unternimmt; ich jedenfalls finde ihn eher da trocken, wo er über jene anrührenden Todesopfer rasch hinweggeht, als befürchte er, uns mit ihrer endlosen Aufzählung zu ermüden.

Geschichte jener Art ist bei weitem die nützlichere. Hängt das öffentliche Geschehen vor allem von der Laune des Schicksals ab, so das Privatleben von unserem eigenen Verhalten. Sie besteht mehr in der Beurteilung als in der Aufzählung geschichtlicher Ereignisse; und mehr als Erzählungen vermittelt sie lehrreiche Beispiele. Das ist dann nicht eine Sammlung von Lesestücken, das ist ein Buch zum Studieren und Lernen; ein Buch so angefüllt mit Kernsätzen, daß sich darunter falsche wie richtige finden:

es ist ein Nährboden moralischer und politischer Betrachtungen, Rüstzeug und Zierde derer, die in den Staatsgeschäften verantwortlich handeln. Er [Tacitus] argumentiert stets mit gediegenen und handfesten Gründen, treffsicher und feinsinnig, wie es die Mode bei den Zeitgenossen verlangte: die nämlich waren zumeist derart auf Wirkung versessen, daß sie da, wo ihnen in der Sache Witz und Scharfsinn ermangelten, dies durch Worte wettzumachen suchten. Diese Schreibart kommt der des Seneca ziemlich nahe: doch scheint sie mir eher drastisch, die des Seneca eher geschliffen. So wie er schreibt, läßt er sich mit größerem Nutzen auf einen so wirren und heillosen Zustand anwenden, wie er heute bei uns herrscht: man könnte meinen, er zeichne und züchtige uns. Diejenigen, die an seiner Zuverlässigkeit zweifeln, setzen sich dem Verdacht aus, auch sonst nichts für ihn übrig zu haben. Seine Ansichten sind gesund, und in den Angelegenheiten Roms steht er auf der richtigen Seite. Gleichwohl verarge ich ihm ein wenig, daß er mit Pompeius strenger ins Gericht gegangen ist als die rechtschaffenen Leute seines Lebens- und Wirkungskreises, nach deren Übereinkunft jener dem Marius und dem Sulla völlig gleich zu achten war, mit dem einzigen Unterschied, daß er sich mehr als sie bedeckt hielt. Wahr ist, daß man ihn nicht frei befunden hat von der Ehrsucht, mit der er die Leitung der Regierungsgeschäfte anstrebte, noch auch von Rachegelüsten, und daß selbst seine Freunde besorgt waren, er möchte als Sieger die Grenzen der Vernunft überschreiten, wenn auch nicht derart hemmungslos über alle Maßen: freilich gab es in seinem Leben auch nichts, was uns eine so ausgemachte Grausamkeit und Tyrannei angedroht hätte. Schließlich darf man dem bloßen Verdacht nicht das gleiche Gewicht zumessen wie der erwiesenen Tatsache: mithin kann ich ihm [Tacitus] darin auch nicht folgen. Seine Schilderungen sind arglos und ohne Wenn und Aber, vielleicht ließe sich schon damit erklären, weshalb sie nicht immer durchaus geeignet sind, die von ihm gebildeten Urteile zu belegen, an ihnen aber hält er fest gemäß der einmal eingeschlagenen Richtung, oftmals ohne Rücksicht auf den uns dargebotenen Stoff, den zu einer in sich stimmigen Darstellung zurechtzubiegen er sich nicht herabläßt. Ihn dafür zu entschuldigen, daß er der Religion seiner Zeit anhing, wie die Gesetze es von ihm verlangten, und daß er den wahren Glauben verkannte, dazu besteht keine Veranlassung. Das, nun ja, ist sein Mißgeschick, nicht aber seine Schuld.

Untersucht habe ich vornehmlich seine Anschauung, und die mochte mir nicht überall einleuchten. So auch nicht bei jener Stelle, wo sich der alte und kranke Tiberius im Brief an den Senat wendet: Was soll ich euch schreiben, ihr Herren, wie soll ich mein Schreiben abfassen? oder sollte ich euch unter den gegebenen Umständen überhaupt nicht schreiben? Die Götter und Göttinnen mögen mich auf noch grausamere Weise vernichten, grausamer als ich es jetzt schon täglich erfahren muß – wenn ich es weiß. Ich begreife nicht, warum er diese Worte so zweifelsfrei auf nagende Gewissensbisse, die den Tiberius quälen, zurückführt; ich jedenfalls, als ich das las, hatte keineswegs diesen Eindruck. Ein wenig schäbig fand ich auch, daß er, nachdem er anbringen mußte, er habe in Rom ein ansehnliches Staatsamt bekleidet, sich dann entschuldigte, dies erwähne er nicht etwa, um sich damit zu brüsten. Für einen Geist seines Schlages finde ich das etwas kleinkariert. Denn wer sich windet, sein wahres Wesen auszusprechen, mit dessen Beherztheit ist es nicht weit her. Ein Urteil, das, harsch und hochgesinnt, einem gesunden und ausgeglichenen Geist entspringt, scheut keine Anstrengung, seine eigenen Zustände ebenso in Betracht zu ziehen wie die eines anderen, und freimütig legt es Zeugnis ab über sich selbst, nicht anders, als gelte es einem Dritten. Um der Wahrheit und der Freiheit die Ehre zu geben, muß man sich über die landläufigen Regeln des Umgangs hinwegsetzen können. Nicht nur erdreiste ich mich, von mir zu reden, sondern auch noch, ausschließlich von mir zu reden: ich irre vom Weg ab, wenn ich über etwas anderes schreibe und mich um diesen meinen Gegenstand herumdrücke. So weit doch gehe ich in meiner Eigenliebe nicht und bin nicht von mir derart eingenommen und in mir selbst befangen, daß ich mich nicht auch aus dem Abstand heraus betrachten und beurteilen könnte: so als wäre es ein Nachbar oder ein Baum. Es ist gleichermaßen unangebracht, ob einer nicht sieht, wieviel er taugt, oder ob er, wenn er es sieht, über Gebühr davon redet. Wir schulden unserem Gott mehr Liebe als uns selbst, und obschon wir weniger über ihn wissen, reden wir unverdrossen über ihn daher.

Wo seine [des Tacitus] Schriften nur ein wenig Einblick in seine Wesensart gewähren, da erweist er sich freilich als ein großer Charakter, als ein redlicher und aufrechter Mann, der, allem Aberwitz abhold, sich durch eine wahrhaft weltweise und hochherzige Kraft auszeichnet. Seine Zeugnisse mögen einen verwegen anmuten: dort etwa, wo er behauptet, einem Soldaten, der ein Bündel Holz schleppte, seien die seine Last packenden Hände vor Kälte steif geworden, dergestalt, daß sie abgestorben daran haften blieben – abgerissen von den Armen. In dergleichen Fällen habe ich mir zur Gewohnheit gemacht, mich dem Ansehen so bedeutender Zeugen zu fügen. Auch wenn er von Vespasian berichtet, er habe mit Hilfe des Gottes Serapis in Alexandria eine blinde Frau dadurch geheilt, daß er ihr mit seinem Speichel die Augen bestrich, und ich weiß nicht was sonst noch für Wunder gewirkt, so folgt er darin dem Beispiel und der Pflicht aller guten Geschichtsschreiber: Begebenheiten von Belang zeichnen sie eben auf, öffentliche Vorkommnisse ebenso wie die im Volk umgehenden Gerüchte und Meinungen. Es geziemt ihrer Rolle, über den eingewurzelten Glauben des Volkes zu berichten, nicht aber ihn zurechtzurücken. Solches obliegt den geistlichen Beratern, den Theologen und Philosophen. In diesem Sinne versteht sich auch die überaus kluge Bemerkung seines Fachgenossen, eines ihm ebenbürtigen großen Schriftstellers: *Equidem plura transcribo quam credo: nam nec affirmare sustineo, de quibus dubito, nec subducere quae accepi;*[20] und dann auch diese: *Haec neque affirmare, neque refellere operae pretium est: Famae rerum standum est;*[21] und obschon er doch in einem Jahrhundert des schwindenden Wunderglaubens schrieb, beteuert er, nicht abzulassen, all die Dinge in seine Annalen einzufügen und zünftig aufzubereiten, die ihm von so

20 «Ja freilich berichte ich mehr als nur das, was ich glaube: denn weder will ich Zweifelhaftes glaubhaft machen, noch unterschlagen, was mir zugetragen wurde» (Quintus Curtius, Historiae Alexandri Magni Macedonis, IX, I).

21 «Das zu bestätigen oder zu widerlegen, ist nicht der Mühe wert: man muß sich hier an die Überlieferung halten» (Livius, Ab urbe condita, I, Vorrede und VIII, VI).

manchen achtbaren und in der Verehrung des Altertums lebenden Leuten überliefert wurden. Da hat er völlig recht. Sollen sie sie uns doch lieber so wiedergeben, wie sie auf sie gekommen sind, als so wie sie persönlich sie gern sähen. Ich, der ich Herr bin über meinen Stoff und niemandem Rechenschaft schuldig, traue mir dennoch nicht recht über den Weg: ich leiste mir öfter schon einmal ein Späßchen, bei dem mir nie ganz wohl ist, und gewisse sprachliche Tüfteleien, daß sich mir die Haare sträuben; aber ich lasse sie aufs Geratewohl durchgehen. Ich weiß, manche bilden sich etwas darauf ein. Doch kann ich mir allein kein Urteil darüber bilden. Ich stelle mich stehend und liegend dar, zeige mich von vorn und hinten, von rechts und links, mit all meinen angeborenen Eigenheiten. Die Gemüter, so gleich an Geisteskraft sie sonst sein mögen, sind nicht immer auch gleich in dem, was sie ausrichten und was ihnen gefällt.

Soviel davon aus dem Gedächtnis – in Bausch und Bogen, und nicht eben verläßlich. Sind doch alle Urteile in Bausch und Bogen stets unverbindlich und nie endgültig.

Nachwort
von
Hans-Martin Gauger

Eine neue, sehr gelungene Übersetzung des wichtigen späten Montaigne-Essays «De l'art de conférer» wird hier vorgelegt – «Die Kunst, sich im Gespräch zu verständigen». Hier nun sollen einige Anmerkungen folgen – erstens zu Montaigne, zweitens speziell zu diesem Essay. Doch zunächst: Helmut Knufmanns Übersetzung ist gelungen, weil sie mit genauer Sensibilität eine schöne und vernünftige Mitte hält zwischen Herstellung von Lesbarkeit einerseits, dem Hereinholen also des Fremden in unser heutiges Deutsch, andererseits aber dem bewahrenden Hörbarmachen des Fremden – sie läßt nämlich auch erkennen, daß dies ein ‹fremder› Text ist und dies nicht allein, weil er vor über vierhundert Jahren geschrieben wurde. Das geglückte Hereinholen ins Eigene also, das immer, wie Nietzsche treffend sagte, eine «Eroberung» ist, und die geglückte, ebenfalls zu fordernde Bewahrung, innerhalb solchen Hereinholens, der – von uns aus gesehenen – Fremdheit des Originals.

1.

Seinen berühmten Stil kennzeichnet Montaigne selbst so: «Die Wörter haben die Aufgabe zu dienen und zu folgen... Ich will, daß die Dinge das Übergewicht haben. Sie sollen die Vorstellung des Zuhörenden so erfüllen, daß er die Wörter gar nicht wahrnimmt. Ich liebe ein einfaches und natürliches Sprechen, auf dem Papier ebenso wie im Mund. Saftig und kraftvoll, kurz und gedrängt, nicht heikel und aufgeputzt, sondern eher heftig und brüsk: ‹Schmecken wird einem nur ein Reden, das zuschlägt›, ‹Haec demum sapiet dictio, quae feriet›. Eher schwierig als langweilig, von jeder Affektiertheit entfernt, nicht Regeln folgend, sondern abgerissen und kühn. Jeder Fetzen soll seinen Sinn in sich selbst haben. Nicht wie die Gelehrten, nicht wie die Mönche, nicht wie die Advokaten, sondern eher soldatisch, so wie Sueton die Redeweise Caesars nennt – ich weiß aber nicht, weshalb er sie so nennt.» Man sieht oder hört: Montaigne kennzeichnet da nicht nur seinen Stil, sondern er führt ihn vor: er verwirklicht ihn, gleichsam exemplarisch, indem er ihn beschreibt.

Zunächst fällt auf, daß er auch da von ‹Sprechen› – und von ‹Hören› – redet, wo es um *Schreiben* geht, denn hier, in den «Essais», *schreibt* er ja. Aber eben – er schreibt sprechend; er schreibt, als ob er, während er doch schreibt, *spräche*. Dies ist übrigens eine Kunst – die Fähigkeit dazu muß aber auch irgendwoher kommen. Das kann nicht einfach jeder so machen oder auch erlernen. Schreiben ist etwas anderes als Sprechen, schon weil es in einem anderen Medium geschieht. Da gelten andere Bedingungen. Von diesen muß man intuitiv – und vielleicht sogar am besten *nur* intuitiv – etwas wissen, um schreibend zu sprechen. Gar nicht leicht, beim Schreiben ganz man selbst zu bleiben oder vielleicht es da erst richtig zu werden! Dies also ist als erstes festzuhalten: Montaigne sucht, in seinem Schreiben sich von seinem Sprechen nur wenig zu entfernen. Und er hat dies erreicht. Der Charme, der ihm eigen gewesen sein muß, ist auch in seinem Buch. Oder: sein Buch läßt auf ihn schließen oder läßt unmittelbar erleben, daß er so, wie er schreibt, auch gewesen sein muß. Da paßt ein schönes Wort Pascals sehr genau: «Zuweilen, wenn der Stil natürlich ist, ist man aufs höchste beeindruckt und entzückt, denn man hatte einen Autor erwartet und findet einen Menschen».

Sodann: immer, worum es auch gehen mag, fällt dem Mann eine lateinische oder auch eine griechische Stelle ein. So natürlich auch hier. Das mit dem «zuschlagenden Sprechen» ist offenbar aus einem Grabspruch auf den römischen Dichter Lucanus. Nicht selten ist es übrigens nicht nur *eine* Stelle, oder er hat, wenn es zwei oder mehr sind, von denen, die ihm einfielen, die anderen nicht unterdrücken können, hat es gleichsam nicht übers Herz gebracht. Starke Gegenwart also der Antike. Wir sind in der Renaissance. Und die war auch in Frankreich, nicht nur in Italien; in Deutschland war sie bekanntlich weniger. Montaigne beruft sich vor allem auf drei klassische Autoren: Plutarch, Seneca, Tacitus. Und andere als klassische treten kaum in seinen Blick.

Die Rede also soll so sein – es ist sein Ideal -, daß Hörer oder Leser auf die Wörter gar nicht achten. Sie sollen ganz bei den Dingen sein, um die es jeweils geht. Es ist das Gegenteil eines manierierten Redens, das reflexiv immer sich selbst im Auge hat und dann auch bemüht ist, das Auge des Lesers, das Ohr des Hörers gerade darauf gerichtet zu sehen. Gehen wir Montaignes Kennzeichnung durch. «Einfach» also und «natürlich», «saftig» (eine klar kulinarische Metapher, wie sie ja auch – *sapĕre* ‹schmecken› – in dem lateinischen Zitat ist), dann «kraftvoll», «nicht zimperlich», «nicht aufgeputzt», sondern «zuschlagend». Danach vor allem «Langeweile vermeidend», auch wenn es dadurch unter Umständen «schwierig», also nicht leicht verständlich werden sollte. Das ist nun, in einem Detail, Montaigne ganz: man kann nicht alles haben, muß also wissen, was einem wichtiger ist. Lebendigkeit ist wichtiger als Klarheit. Weiter: ohne Affektiertheit (was ja in «einfach» und «natürlich» schon enthalten ist – da zeigt Montaigne, daß er Wiederholungen nicht scheut), «unbekümmert um Regeln» oder geradezu «regellos», also «abgerissen» und «kühn». Dann die Distanzierungen: nicht wie die Gelehrten in ihrer prunkenden, der Angeberei nicht fernen Schwerfälligkeit, nicht in der Art der Mönche, der fratres (da denkt er wohl an deren scholastisches Diskutieren), auch nicht wie die sprachlich ausladenden Advokaten, sondern – und nun das positive Beispiel, ein einziges – nach Art des «Soldaten». Und alsbald fällt ihm da die Kennzeichnung Caesars durch den römischen Schriftsteller Sueton ein. Oder – der Verdacht liegt nahe – sie war ihm von Anfang an präsent, und er hat, sich langsam heranarbeitend, auf diese hin geschrieben. Schließlich – und das ist wieder Montaigne ganz – setzt er noch hinzu, eigentlich leuchte ihm nicht ein, warum Sueton Caesars Stil gerade so nennt. Und dann, auch eigentümlich, verliert er plötzlich die Lust oder will zum Thema zurück, denn eigentlich erwartet man da eine kurze Erläuterung, warum ihn Sueton in dem Punkt nicht überzeugt – Caesar ist ja nun wirklich nicht irgendjemand: der wahrlich nicht häufige Fall eines zugleich großen Kommandierenden und Schreibers.

Montaigne wollte, sagt er, für seine «Essais» – «eine mir eigene Form», «une forme mienne». Man muß sich klarmachen, was das heißt, auch in seinem Anspruch. Formal, in seiner ganzen Anlage soll das Buch «nur ihm» gehören. Es soll sich unterscheiden von *allen* anderen. Und was das Inhaltliche angeht, gilt dieser große Anspruch erst recht. Montaigne stellt ihn gleich im Vorwort heraus. Dieses ist aber nicht «Vorwort», sondern einfach «An den Leser» überschrieben – eigentlich der implizit angemessene Titel für jedes Buch, denn alles publizierte Schreiben (und vielleicht doch auch letztlich alles private) ist an jemanden gerichtet. Montaigne hebt an – in der Tat, wie er sagte, «abrupt»: «Dies hier ist ein redliches Buch, Leser. Es macht dich gleich zu Beginn darauf aufmerksam, daß ich mir nur ein häusliches und privates Ziel gesetzt habe. Ich habe nicht darauf geachtet, ob es dir nützen könnte und auch nicht auf meinen Ruhm. Für solche Ziele reichen meine Kräfte nicht aus. Nur für meine Verwandten und Freunde habe ich dies Buch geschrieben...». Schließlich: «So bin ich also selbst, Leser, der Stoff meines Buchs: es ist nicht vernünftig, daß du deine freie Zeit auf einen so leichtgewichtigen und leeren Gegenstand verwendest. Und damit Adieu. Montaigne, an diesem ersten März fünfzehnhundertundachtzig». Und «Montaigne» bezeichnet hier den Ort.

Im Jahr 1580 erschienen die beiden ersten Bücher der «Essais»; acht Jahre später kam eine neue, um ein drittes Buch erweiterte Ausgabe heraus; zum dritten Buch gehört auch unser Essay (III, 8). In diesem Buch schreibt er im zweiten Essay – und dieser Gedanke mußte ihm, wenn auch vielleicht nicht von Anfang an, so doch sehr bald gegenwärtig sein: «Ich lege hier ein niedriges und glanzloses Leben dar. Darauf aber kommt es nicht an. Man kann in gleicher Weise die ganze Moralphilosophie an einem normalen und privaten Leben festmachen wie an einem Leben von reicherem Stoff: jeder Mensch trägt in sich selbst die ganze Form der Bedingungen des Menschseins.» Da ist nun aber ein offensichtlicher Widerspruch zu dem zuvor Gesagten. Auch im rein «Privaten» eines jeden Menschen, sagt er uns jetzt, ist alles enthalten, was zur «menschlichen Bedingung» gehört: «la forme entière de l'humaine condition» – so die überaus berühmte Formel. Alles also, was zum Menschen überhaupt gehört, seine Beschaffenheit, seine Bedingtheiten, kann an *jedem* Menschenleben gezeigt werden. Lassen wir die evidente literarische Koketterie beiseite, die auch in diesen ernsten Sätzen hervortritt (sie ist ja nicht unerlaubt). Wenn jedoch die Darlegung selbst des nur «Häuslichen und Privaten» zugleich «die Bedingung des Menschseins» überhaupt enthält oder enthalten kann, dann ist dies zwar ein bescheiden vorgebrachter, faktisch aber überaus hoher Anspruch.

Und Montaigne – darauf kommt es an – löst ihn ein, auf seine Weise. Die «Essais» sind nicht nur eine ‹Autobiographie›. Oder eigentlich sind sie alles andere als dies. Sie setzen nur immer wieder beim Autobiographischen ein. Sie sind aber schließlich – zumindest sind sie dies *auch* – ein Buch über das Menschsein. So, natürlich, wie es speziell Montaigne in seinen Bedingtheiten sah. Aber da ist nun wieder gleich hinzuzufügen, daß diese Bedingtheiten einigermaßen weit sind, weil er nämlich ein so offener, so wenig festgelegter, zu Gespräch und Auseinandersetzung immer bereiter, ein so neugieriger und in gewissem Sinn ‹unordentlicher› Beobachter und Denker war. Wohl bei sämtlichen seiner Zeitgenossen wären sie enger gewesen.

Gerade auch unser Essay aus dem dritten Teil zeigt dies anschaulich. In seinem großen, nur wenig veralteten Montaigne-Buch (1949) sagt Hugo Friedrich über ihn: «Er ist eines seiner kapriziösesten, aufgeräumtesten

Stücke, eine Art Brevier der *honnête-homme*-Bildung...». Der «honnête homme» ist ja das Ideal des Menschen, das idealisierte Menschenbild des «großen» französischen Jahrhunderts, des «grand siècle». Dieses Ideal zeigt sich ansatzweise schon hier. Weit strahlte es später in die Nachbarländer aus. Zum «honnête homme» gehört nun aber vor allem das Gespräch, das natürliche und dennoch feine und kultivierte und gerade deshalb sein Wissen nicht vorzeigende, nicht mit ihm prunkende Gespräch. «Die Kunst, sich im Gespräch zu verständigen», «De l'art de conférer» ist also der Titel dieses Kapitels oder Essays. Aber es geht in ihm, wie immer bei Montaigne, nur neben anderem gerade darum, denn die Titel, die er gibt, sind bloß ungefähre Wegmarken.

Mit den «Essais» ist Montaigne ein Buch gelungen, das es so, inhaltlich und formal, vor ihm nicht und nach ihm nicht wieder gegeben hat. Ein Buch eigentlich unvergleichlich – ohne Vorgänger, ohne Nachfolger, ohne Äquivalent. In ihm also beschreibt Montaigne sich selbst. Fast in jedem Essay, auch in dem hier neu vorgelegten – jede neue Übersetzung legt wirklich etwas Neues vor –, ist er sogleich bei sich. Aber er bleibt da nicht. Doch sofern er von sich spricht, und dies tut er sehr ausgiebig, will er, es ist nun einmal sein ‹Projekt›, immer so gesehen werden, wie er tatsächlich ist, nämlich «einfach, natürlich und in meinem normalen Zustand, ohne Anspannung und Künstlichkeit».

Hier nun einige Stellungnahmen zu dieser freundlich entgegenkommenden und gar nicht unsympathischen Egozentrik Montaignes. Pascal nahm sie ihm sogar übel und sagt in seinen «Gedanken» (aber diese «Pensées» sind ja weithin nur Skizzen, auch deshalb wohl, auch in diesem Fall, die undifferenziert schroffe Form): «Das dumme Vorhaben, das er hatte, sich selbst darzustellen!». Direkt daran anknüpfend und ihm klar widersprechend nun Voltaire: «Das reizvolle Vorhaben, das er hatte, sich selbst auf so natürliche Weise darzustellen! Denn da hat er die Natur des Menschen dargestellt» (so in seinen «Bemerkungen zu Pascals ‹Gedanken›»). Montaigne selbst meinte zu diesem Punkt schlicht und schlagend: «Wenn die Leute darüber klagen, daß ich zuviel über mich rede, klage ich darüber, daß sie nicht einmal an sich selbst denken». Dann Friedrich Nietzsche. Er sieht Montaigne ganz positiv und geht da überaus weit. Das Lob findet sich in seiner dritten «Unzeitgemäßen Betrachtung» (1874), in der Schopenhauer sein Thema ist: «Ich weiß nur einen Schriftsteller, den ich in Betreff der Ehrlichkeit Schopenhauer gleich, ja noch höher stelle. Das ist Montaigne. Daß ein solcher Mensch geschrieben hat, dadurch ist wahrlich die Lust auf dieser Erde zu leben vermehrt worden. Mir wenigstens geht es seit dem Bekanntwerden mit dieser freiesten und kräftigsten Seele so, daß ich sagen muß, was er von Plutarch sagt: ‹kaum habe ich einen Blick auf ihn geworfen, so ist mir ein Bein oder ein Flügel gewachsen›. Mit ihm würde ich es halten, wenn die Aufgabe gestellt wäre, es sich auf der Erde heimisch zu machen». Nun, das ist schön, vielleicht etwas zu schön, auch wohl ein wenig aus diesem Anlaß so hingesagt. Nietzsche benutzt hier, wie man sieht, Montaigne, um seine hohe Einschätzung Schopenhauers zu verdeutlichen. Aber in diesem *einen* ihm zentral wichtigen Punkt stellt er Montaigne noch höher. Und abschließend sagt er, Schopenhauer habe mit Montaigne «noch eine zweite Eigenschaft gemein: eine wirklich erheiternde Heiterkeit». Damit meint er eine solche, die denjenigen, der sich ihr aussetzt, lebensfördernd stärkt. Auch Goethe, was bei Nietzsche wohl im Hintergrund war, redete von Montaignes «unschätzbar heiterer Wendung», womit er dessen Wendung ins Heitere meint, zur Heiterkeit im Sinne einer gelassenen «serenitas» – in Anschauung, Denken und Stimmung. «Heiterkeit» (da ist gar nicht etwas wie ‹Lustigkeit› gemeint) ist ja eines der großen Schlüsselworte des alten Goethe.

Also ein einzigartiges, unvergleichliches Buch – «das persönlichste Buch der Weltliteratur», sagt Hugo Friedrich. Aber dies «Persönliche» ist nur *ein* Aspekt seiner

Einzigartigkeit. Die «Essais» sind auch, weniger wichtig, aber erwähnenswert, das erste Buch nach dem Mittelalter, in dem in einer *Muttersprache*, also nicht lateinisch, dermaßen ausführlich über Philosophie geredet wird (allerdings, wie gesagt, mit vielen und mit großer Selbstverständlichkeit eingefügten lateinischen, auch griechischen Zitaten). Dann haben die «Essais», was das Formale angeht (aber dies geht über das Formale weit hinaus) eine neue *Gattung* begründet, die Altertum und Mittelalter nicht kannten – eben den Essay. Genauer: aus dem, was bei Montaigne «essai» heißt, wurde später, was wir heute unter einem «Essay» verstehen und was es bei Montaigne ansatzweise schon war, nämlich etwas ziemlich anderes, auch inhaltlich, als eine «Abhandlung», ein «Traktat». Und mit dieser neuen Gattung ist auch eine Veränderung im Denken verbunden. Oder sie markiert eine solche.

Schließlich, noch wichtiger, hat Montaigne inhaltlich-philosophisch eine Sicht auf den Menschen begründet, die man «Moralistik» nennt und die vor allem in der romanischen Welt, in Frankreich, Spanien, Italien, bedeutsam wurde. In Deutschland wäre da insbesondere aus dem 18. Jahrhundert Georg Christoph Lichtenberg zu nennen. Für diese Sicht gab es in der Antike sicher Vorbilder, aber die Tradition wurde im Mittelalter doch wohl unterbrochen. Vielleicht geht die Bezeichnung «Moralistik» auf Nietzsche zurück, dem gerade diese Seite der französischen Literatur wichtig war, weil er da fand, was er selbst anstrebte und ihm mit hohem Respekt gefiel (und er in der deutschen Literatur kaum fand). Das Wort «Moralistik» knüpft an «le moraliste» an. Damit wurde und wird in Frankreich ein Autor bezeichnet, «der über die Sitten, die menschliche Natur schreibt», «qui écrit sur les mœurs, la nature humaine» (so weiß es zutreffend schon der «Petit Larousse illustré», für den uns leider eine Entsprechung im Deutschen fehlt). Und mit dieser Bestimmung sind wir natürlich ganz bei Montaigne. Man pflegt zu sagen, der «Moralist» in diesem Sinne, dann die «Moralistik» als Denkrichtung, hätten mit ‹Moral› im üblichen Sinn nichts zu tun. Das geht zu weit. Diese «Moralisten» haben schon etwas mit ihr zu tun, sie wollen aber primär etwas anderes. Sie wollen aufzeigen, wie die Menschen, ihrer Natur nach und den jeweiligen Umständen entsprechend, sich *tatsächlich* verhalten und welchen Motiven sie dabei *tatsächlich* folgen. Das Tatsächliche, der realistische, illusionslose, sich von anderen, aber auch von sich selbst nichts-vormachen-lassen-wollende Blick ist hier entscheidend. Und daraus wird dann beinahe wie von selbst auch ein Kriterium für die ‹Moral› im üblichen Sinn: sie sollte sich, wird suggeriert, nicht zu weit von jener Tatsächlichkeit entfernen, muß sie jedenfalls ‹berücksichtigen›. Und dann kann die vorschreibende ‹Moral› ebenfalls zum Bestandteil dieses Schilderns, dieses Aufzeigens, dieses Aufdeckens werden.

Mit dem Wort ‹aufdecken› – ‹detegĕre› – sind wir beim Detektivischen, und wirklich hat diese Moralistik – auch gerade schon bei Montaigne – etwas beharrlich Detektivisches. Jemand hat vom «Thersiteischen» als einer Konstante der französischen Literatur gesprochen – der Blick des Thersites also, der des hämisch giftigen Helden der «Ilias», der gleichsam «böse Blick», dem es gefällt, hinter einer sich edel gebenden Haltung etwas Kleines und Kleinliches zu entdecken, es aufzudecken. Wie es bei Schiller, aber mit umgekehrter Tendenz, heißt: «Es liebt die Welt, das Strahlende zu schwärzen/Und das Erhabene in den Staub zu ziehn». Da wird der Thersites-Blick der «Welt» insgesamt zugeschrieben. Jenes Aufdecken haben wir ja fast durchge-hend beim großen La Rochefoucauld in seinen «Maximes Morales»; der andere Große oder Größere, bei dem auch viel davon ist, ist La Bruyère («Caractères») – der war aber kein «großer Herr» wie François duc de La Rochefoucauld. Dieser «böse Blick» ist bei Montaigne nicht oder kaum, er entspricht nicht seiner Art, aber die un-idealische, unidealistische, also desillusioniert *realistische* Sicht ist auch bei ihm und ist ihm essentiell. Auch gleich zu Beginn unseres Essays tritt sie, wie wir sehen werden, hervor.

Michel de Montaigne stammte aus einer Familie von reichen Kaufleuten. Es wird oft berichtet, seine Mutter sei jüdischer Herkunft gewesen. Wenn es so ist, wäre es in diesem Fall ganz unwichtig – warum also redet man davon? Sein Urgroßvater hatte ein Schloß erworben: das Schloß «Montaigne». Dort wurde Michel geboren. Es lag und liegt im schönen Périgord, im Südwesten Frankreichs. «Montaigne» heißt, nicht anders als «montagne», einfach «Berg», und ziemlich sicher wurde der Name auch genauso gesprochen (den Laut ‹nj› konnte man französisch mit ‹gn› oder mit ‹ign› wiedergeben): man müßte also eigentlich ‹Montagne› sagen – die heutige ‹Aussprache› ergab sich aus der Schreibung und ist, was die Sprachwissenschaft eine «spelling-pronunciation» nennt. Das Schloß Montaigne ist somit nicht ‹angestammt›. Um alten Adel geht es nicht. Eigentlich hieß unser Mann Michel Eyquem, er aber legte Wert auf seinen, wie ihm schien, vollen und richtigen Namen: «Messire Michel, Seigneur de Montaigne».

Er wurde 1533 geboren und starb 1592, lebte also 59 Jahre. «Niedrig und ohne Glanz», wie er in der angeführten Stelle sagt, war sein Leben keineswegs. Er wurde sehr umsichtig erzogen, lernte früh und schnell Latein, denn sein Vater Pierre Eyquem – ausführlich schildert es der Sohn – hatte als Hauslehrer einen Deutschen angestellt, der sich Horstanus nannte und außer Deutsch, wie es scheint, nur Latein konnte. Die beiden mußten also – keine leichte Aufgabe für Lehrer und Schüler – auf lateinisch miteinander zurechtkommen, was der kleine Michel zudem erst einmal lernen mußte. Nach dem Studium der Rechte in Bordeaux und in Toulouse wurde Michel im Alter von einundzwanzig Richter («conseiller») erst in Périgueux, dann, drei Jahre später, am «Parlament» in Bordeaux (ein «Parlament» war damals ein Gerichtshof). Bald nach dem Tod seines Vaters, «des besten Vaters, den es je gegeben hat», entledigte er sich dieser Funktion und zog sich auf sein Schloß zurück, um sich ganz seinen Studien zu widmen, zu denen es ihn drängte (zudem hatten ihn seine richterlichen Aufgaben kaum beflügelt). Hinzu kam die Verwaltung seines Besitzes. Damals war Montaigne achtunddreißig. Er hatte in dem legendären «Turm» des Schlosses eine Bibliothek mit rund tausend Büchern eingerichtet. Die Balken dort hatte er mit vielen sorgfältig ausgewählten, natürlich lateinischen und griechischen Inschriften versehen. Bald begann er mit der Arbeit an den «Essais» – eine Arbeit, bei der ihm erst allmählich klar wurde, was er eigentlich mit ihr wollte.

Von seiner Ehe – er heiratete die Tochter eines Kollegen im «Parlament» – verlautet nicht viel. Er hatte sechs Kinder, nur Töchter, die früh starben, außer einer, die ihn lange überlebte. Später kam eine gleichsam geistig adoptierte Tochter hinzu, «une fille d'alliance»: Mademoiselle de Gournay, die ihn bewunderte. Er lernte sie in Paris vier Jahre vor seinem Tod kennen; sie machte sich danach um die Neuherausgabe der «Essais» (1595) verdient (da half ihr ein Freund Montaignes namens Pierre de Brach). Marie de Gournay war aber auch selbst eine Schriftstellerin. Der berühmte Nicolas Boileau veröffentlichte 1674, als die großen Meisterwerke der Klassik schon vorlagen, eine hochberühmte «Art Poétique» – in Versen. In ihr nennt er den heute nahezu vergessenen Dichter François Malherbe als den ersten, der in Frankreich schöne Gedichte geschrieben habe (eigentlich eine unglaubliche Feststellung), und sagt dann: «Alles erkannte seine Gesetze an...». Da übergeht er aber Marie de Gournay, denn diese gehörte zu den wenigen, die *gegen* Malherbe waren und sich auch direkt mit ihm anlegten. Die Sache ist deshalb nicht unwichtig, weil sich da etwas fortsetzt – fast bis heute: die Mehrheit betrachtet das 17. Jahrhundert, nach der Thronbesteigung Ludwigs XIV. beinahe erst in der Mitte dieses Jahrhunderts, als das «große», «le grand siècle», während eine Minderheit, die sogenannten «seizièmistes», das 16. Jahrhundert, dasjenige Montaignes und Rabelais' und Ronsards und Du Bellays und so vieler anderer, als das ‹reichere›, weit ‹lebendigere› beurteilen. Da war Frankreich in der Tat ein wenig wie das Elisabethanische England – ein Shakespeare allerdings fehlte.

Von tiefer Bedeutung für Montaigne war die Freundschaft mit dem etwas älteren Schriftsteller Étienne de la Boétie, der 1563, sehr jung, fast dreißig Jahre vor ihm, starb. Diese Freundschaft – sie muß ein reines Glück gewesen sein – dauerte nur sechs Jahre. Da haben wir eine wunderbare und berühmte Formulierung Montaignes. Wenn man ihn frage, warum er ihn «liebte», könne er dies nur so beantworten: «weil *er* es war und weil *ich* es war» oder, noch genauer, «weil er *er* und ich *ich* war», «parce que c'était lui, parce que c'était moi». Dann noch dieser bewegende schlichte Zusatz: «seit wir uns kannten, war nichts uns näher als der eine dem andern». Er heiratete erst nach dem Tod dieses Freunds.

Nachdem 1580 die ersten beiden Bücher der «Essais» erschienen waren, machte er vom 22. Juni 1580 bis zum 30. November 1581, also fast anderthalb Jahre, eine Reise, die ihn erst nach Paris, dann nach Deutschland, damals schon im Elsaß, in Thann und Mülhausen beginnend, und in die Schweiz (Basel und Baden bei Zürich) führte. Danach ging es über Augsburg, «der schönsten Stadt des

Reichs» (so hatte er es gehört), und München über den Brenner nach Italien – bis nach Rom. Grund der Reise waren nicht nur Bildungsneugier, Neugier überhaupt, denn Montaigne war neugierig und reiste mit offenen Augen, auch nicht allein die Freude am Reisen, denn er reiste gerne, sondern auch seine Nierensteinkoliken, von welchen er in wechselnden Bädern, aber realistischerweise ohne viel Hoffnung, Erleichterung suchte – zum Beispiel in Lucca in der Toscana, wo es ihm besonders gefiel. Es gibt über diese «grand tour» einen sehr reizvollen Bericht, den auch, wie die «Essais», Hans Stilett ins Deutsche übersetzt hat. Geschrieben wurde er teils von einem leicht schalkhaften ‹Sekretär›, den er in seiner Gruppe mitgenommen hatte, teils aber auch, als der Sekretär in Rom das Weite gesucht hatte, von ihm selbst (und manche Einträge schrieb er auf italienisch). Italien war ja in dieser Zeit das überall in Europa wegen seiner geistigen, aber auch materiellen Kultur hochbewunderte Land. Und die Italiener gefielen ihm, die Italienerinnen ebenfalls. Recht wohl fühlte er sich aber auch schon am Bodensee unter den Deutschen und war hochzufrieden mit den Speisen, die man ihm da vorsetzte, und sogar mit dem dortigen Wein (was nicht selbstverständlich war – schließlich kam er aus Bordeaux). Über die Deutschen schreibt der Sekretär: «Sie sind zwar Prahlhänse, Choleriker und Trunkenbolde, aber, sagt Herr de Montaigne, weder Betrüger noch Spitzbuben». Man sieht: da wird differenziert. Über Preise mit Deutschen zu verhandeln, sei völlig sinnlos, denn sie blieben stur bei den von ihnen zuerst genannten. Das «Journal de voyage de Michel de Montaigne en Italie par la Suisse et l'Allemagne» (das Manuskript war fast 180 Jahre verschollen) erschien erst 1774. Da enttäuschte er nun die Aufklärer sehr, die von ihm, den ganz sie zu ihrer Seite rechneten, mehr Kritik oder doch überhaupt etwas Kritik erwartet hätten, besonders natürlich was Rom und die Kirche betraf. Da findet sich nämlich so gut wie nichts und schon gar nichts von «Écrasez l'infame!». Er ging vielmehr immer wieder zur Messe und machte auch dem Papst – es war Gregor XIII. (der mit der Kalenderreform) – seine Aufwartung und freute sich, distanziert, aber ohne Ironie, über die Audienz, die ihm durch Vermittlung des französischen Gesandten gewährt wurde. In Lucca erfuhr er, Anfang September 1581, daß er zum Bürgermeister von Bordeaux gewählt worden war. So reiste er früher als vorgesehen zurück und war Ende November wieder im Périgord. Übrigens war schon sein bewunderter Vater Bürgermeister von Bordeaux gewesen.

Sein Amt verwaltete er vier Jahre, also bis 1585; er wurde einmal wiedergewählt. Dann reichte es ihm. Es war wegen des tobenden Religionskriegs eine bewegte Zeit.

Wenig überraschend zu erfahren, daß Montaigne als Bürgermeister maßvoll und ausgleichend war. Auch gerade in unserem Essay redet er zwar äußerst kritisch und ohne Respekt über hochgestellte Personen, auch über Könige, aber in seiner Praxis war er, natürlich nur wieder aus praktischen Gründen, Royalist und überhaupt zunächst einmal für das Herkommen. Er soll dem späteren Heinrich IV., der Kalvinist war, zum Übertritt zur römischen Kirche geraten haben – «Paris vaut bien une messe» (aber so direkt war dies wohl nicht Montaignes Argument). In seinem «Henri Quatre» läßt Heinrich Mann Montaigne mit dem späteren König ein langes schönes Gespräch führen. Tatsächlich trafen sie sich mehrmals und standen im Briefwechsel. Als König wurde Heinrich IV. bald überaus volkstümlich und blieb – «le bon roi Henri» – lange und eigentlich als einziger positiv im Gedächtnis des Volks.

In seinem Bereich war also Montaigne alles andere als eine unwichtige Figur, und durchaus war sein Leben «von reicherem Stoff», um seine Formulierung aufzugreifen. Aber in seinen «Essais» macht er daraus wenig. Seine letzten Jahre verbrachte er damit, die Ausgabe des Buchs von 1588 zu korrigieren und zu «füllen», was wieder – «farcir» – eine kulinarische Metapher ist. Es sind mehrere tausend Einträge, inhaltliche und stilistische, die er in seinem Exemplar, dem jetzt sogenannten «Exemplaire de Bordeaux», angebracht hat, was zeigt, wie wichtig ihm dieses so locker wirkende Werk war, wie ernst er es nahm und zwar bis ins Formale, bis in die Satzzeichen hinein (auf den Einträgen in diesem Exemplar beruht auch Helmut Knufmanns Übersetzung).

Kaum mehr verließ Montaigne nun sein Schloß. Er war leidend und hatte sich daran gewöhnt, mit seinem kranken Körper zu leben: «Wir sind geschaffen, um zu altern, an Kräften zu verlieren und krank zu sein, trotz aller Medizin». In seinen letzten drei Tagen hinderte ihn ein Ödem im Kehlkopf am Sprechen. Er starb am 13. September 1592, während vor ihm eine Messe gelesen wurde, in dem Augenblick, wird versichert, in dem die Hostie (oder der Kelch) erhoben wurde – «au moment de l'élévation». Die «Essais» erschienen 1613 in England von John Florio übersetzt – Shakespeare hat, wie es scheint, in ihnen gelesen.

2.

Der Essay III, 8, «De l'art de conférer», beginnt gleichsam irgendwo, von der Seite her. Die Gerichte, lesen wir, pflegen zu bestrafen, um die Verbrecher an weiteren Verbrechen zu hindern und um andere abzuschrecken. So finde auch er selbst es besser, wenn er schon einmal von sich rede, sich als abschreckendes Beispiel zu präsentieren. Auch er selbst werde eher durch solche Beispiele belehrt als durch positive – mehr durch «Abschreckung als durch Ansteckung». Zudem komme Selbstkritik besser an. Dann: «Unsere Zeit bessert uns nur, insofern sie uns dazu anhält, uns von ihr abzuwenden». Sie ist also selbst – auf nützliche Weise – abschreckend. Danach nun, ex abrupto, wirklich ohne jede Vorbereitung, die Feststellung (und damit ist er beim Titel des Essays), das Gespräch sei «der fruchtbarste und natürlichste Gebrauch unseres Geistes». Da knüpft er an Italien an, nennt auch die Italiener explizit und positiv (sie hätten bessere Manieren) und weist, was Frankreich angeht, in der Tat auf das 17. Jahrhundert voraus. Da erklärte eine jener feinen Damen (es ist ein wunderbarer, entwaffnender und auch wieder sehr «moralistischer» Satz), das Gespräch sei «die größte Freude des Lebens – und fast die einzige», «le plus grand plaisir de la vie, et presque le seul». Immer die Schwierigkeit, ‹plaisir› zu übersetzen! Es ist mehr als «Vergnügen», auch wohl als «Behagen» und etwas Ruhigeres als «Freude». Ein noch schwerer zu übersetzendes, ja eigentlich unübersetzbares Wort gebraucht hier Montaigne auch: das Führen eines Gesprächs sei «plus doux que d'aucune autre action de nostre vie». «Süßer» also sei im Leben nichts. Und «Süßeres», «Köstlicheres» könne man folglich gar nicht tun als sich im Gespräch zu üben.

Er selbst wachse, im Gespräch streitend, über sich hinaus. Wie gesagt, er ist immer gleich bei sich oder er trennt sich von sich nur kurz. Einmütigkeit sei schlecht für Auseinandersetzung. Es geht ihm also um ein themenzentriertes und ein lebhaft streitendes Gespräch. Da müsse man vor allem in der Lage sein, die Dummheit auszuhalten. Er selbst gehe ohne jede Voreingenommenheit in jedes hinein und sei auch nachsichtig gegenüber sehr abweichenden Meinungen. Er selbst habe solche auch, und ein gewisser Sinn sei übrigens auch sogar diesen nicht ganz abzusprechen – irgend etwas sei meist doch irgendwie dran. Widerspruch störe ihn nicht. Und er möchte, daß sich auch «gebildete Menschen» (da wendet er sich eher gegen ein Übermaß an Höflichkeit) offen ausdrücken. Ihm gefalle eine «offene Männlichkeit». Und da nun ein überraschender, eigentlich schöner, wenngleich uns fast indiskret scheinender Vergleich: in der Freundschaft solle man «miteinander das Derbe und Deftige genießen, so wie in der Liebe das Beißen und Kratzen». Also «deftig», nicht jedoch «streitsüchtig». Wahrheit sei das gemeinsame Anliegen oder sollte es sein. Er selbst liebe sie, und um ihretwillen mache es ihm gar Vergnügen, «durchschaut zu werden». Er ist aber dann wieder sehr gegen Regellosigkeit und will (ausgerechnet er), daß man beim Thema bleibe. Sonst werde auch er «starrköpfig und gehässig», worüber er sich nachher schäme. Ein großer Fehler sei es, nur um des Widerspruchs willen zu diskutieren. Er ist aber auch gegen die scholastisch geregelte Diskutiermethode und will demgegenüber die «natürliche» (dies ist ja eins seiner Schlüsselwörter – sein wichtigstes); vielmehr müsse der «gesunde Menschenverstand» die Richtschnur sein. Er schildert dann, wie Gespräche oft unnütz verlaufen. Wissenschaftler würden durch ihre Wissenschaft nicht gescheiter. Bei denen sei auch zuviel Wichtigtuerei. Er hat etwas, offensichtlich, gegen die Schulgelehrten. Zwar achte er das Wissen hoch und auch diejenigen, die es haben. Gedächtnisleistungen imponierten ihm aber nicht. Dann ein Satz, der den berühmten von Lessing klar vorwegnimmt: «Wir sind dazu geboren, die Wahrheit zu suchen; sie zu besitzen ist einer höheren Macht vorbehalten». Danach aber, eigentlich widersprüchlich oder doch so scheinend (aber scheint es wirklich nur so?): im Grunde sei ihm wichtiger, *wie* etwas gesagt werde. Er achte sehr auf die Form. Auch bei Schriftstellern achte er mehr auf ihre Ausdrucksweise als auf das, was sie sagen. Etwas Richtiges sagen, das könne schließlich jeder. Nur wenige aber seien in der Lage, dies «sachgemäß, bedachtsam und auf überzeugende Weise» zu tun. Die Schwierigkeit sodann (darauf kommt er nun wieder zurück und wird dies noch einmal tun), es mit der Dummheit auszuhalten. Man dürfe sich über sie nicht erregen. Und nun wieder einer der schönen Sätze, die bei ihm immer wieder aufleuchten: «Wir müssen mit den Lebenden leben und dem Strom unter der Brücke seinen Lauf lassen, ohne eingreifen zu wollen und, vor allen Dingen, ohne uns darüber aufzuregen». Dann die gleichzeitig unter Thersites-Scharfsinn und unter Redlichkeit zu verbuchende Beobachtung, daß wir unsere eigene Dummheit nicht so klar erkennen wie die anderer, zusammen mit Überlegungen, wie es dazu kommt, daß einem der «eigene Mist stets als wohlriechend erscheint» (da zitiert er wieder: in diesem Fall den Erasmus, und statt «Mist», «stercus», könnte hier deutsch auch ein deutlicheres Wort stehen). Andererseits darf jedermann tadeln, denn wenn dies nur der Vollkommene dürfte, dürfte es gar keiner tun. Unsere Kriterien, «Richter» sagt Montaigne, sind die Sinne, also werden wir leicht getäuscht durch «würdevolles Auftreten» etwa bei einem Gespräch. Da nun sagt Montaigne klar, daß er in dem Punkt «ständig auf der Hut» sei. Er haßt es, «überwältigt» zu werden – eine emotionale Vereinnahmung also an der Vernunft vorbei. Dann wieder die Gelehrten, denen es an «starkem Charakter» fehle. Dem folgt nun die erwähnte harte Kritik an den Herrschenden. Sie hätten oft nur einen ganz gewöhnlichen Verstand und würden eigentlich nur können, «was wir alle auch können». Nun aber, bemerkenswert, weil er da einen Schritt weitergeht: faktisch «stehen sie tief unter uns, wenn sie nicht» (wegen der Aufgabe, die ihnen zugefallen ist) «ganz hoch über uns stehen».

Jetzt hat er sich längst und scheinbar definitiv vom Thema «Gesprächskunst» entfernt. Er diskurriert nun darüber, daß Beschlüsse oder Entscheidungen, die nur so, ohne profunde Überlegung, getroffen wurden, gleichwohl zu einem guten Ergebnis führen können und dies sogar oft tun. Man dürfe daher eine Handlung nicht von ihrem Ergebnis her beurteilen. Das Glück, «Fortuna», sei eben, so oder so, immer auch dabei. Und nun zeigt sich bei ihm etwas wie Fatalismus (oder soll man es Realismus nennen?): was geschehen *muß*, geschieht halt. Und alsbald wieder ein Purpursatz: «Menschliche Klugheit kann die Rolle des Schicksals nicht übernehmen». Deshalb ist es nicht so verhängnisvoll, wenn wir uns tatsächlich (hier wieder der «moralistische Blick») eher «nach irgendwelchen Mustern verhalten als nach der Vernunft». Einige unserer Psychologen heute sagen uns dies neuerdings auch. Entscheidungen ‹aus dem Bauch heraus› seien oft besser als ‹rationale›. Und dann ist da der Zufall, der in der Regel nicht hoch genug veranschlagt werde. Es gibt die Kontingenz des faktisch Geschehenden – es hätte so, es hätte aber auch anders kommen können. Die Mächtigsten in den Städten seien eher, findet er, geradezu «die minder Befähigten». Es ist das Amt, das Ansehen verschafft. Man meint dann, der Betreffende habe mit dem Amt «an Vortrefflichkeit zugenommen». Daß der Mensch wachse «mit seinen größern Zwecken», wie Schiller sagt, glaubt er offensichtlich nicht. Und es erscheint der für einen praktischen Royalisten überraschende Satz: «Was ich an den Königen verehre, das ist eigentlich nur der große Haufen ihrer Verehrer». Und gleich danach ein klassischer Montaigne, denn in diesem Satz ist er ganz: «Meine Vernunft ist nicht dazu da, sich zu krümmen und zu beugen, wohl aber meine Knie». Mit den Knien also geht, wenn denn es sein muß, was im Kopf keinesfalls gehen darf. Oder die Knie brauchen dem Kopf nicht zu folgen. Dann ein ‹aktueller› Bezug: die ‹Mexikaner›, hat er erfahren, würden irgendeinen aus ihrer Mitte zum König wählen, nachdem dies aber geschehen sei, würden «sie es nicht mehr wagen, ihm ins Angesicht zu schauen».

Und unversehens, als hätte er sich plötzlich daran erinnert, ist er dann doch wieder beim Thema. «Hier noch eine Überlegung, von der ich reichlich Gebrauch mache», beginnt er, als wäre nichts gewesen, neu und stellt nun einfach, formal unbekümmert und wie assoziierend die Punkte zusammen, die ihm bei einem Gespräch wichtig sind. Man dürfe in einer Diskussion nicht jedes gut ausgedrückte (oder uns so scheinende) Wort «sofort für bare Münze nehmen». Die Leute würden nämlich oft fremde Meinungen zitieren: sie haben irgendwo etwas gehört und sagen es dann, ohne es «verbürgen» zu können. Und sofort setzt er hinzu: ihm selbst passiere dies auch immer wieder. Da müsse man eben prüfen, ob das Vorgebrachte auch verstanden worden sei und auf «Rechenschaft» drängen: was meinst du da eigentlich und warum hältst du es für gut? Dann, wieder etwas ganz anderes: er habe selbst im Gespräch oft Erfolge gehabt, auch wenn er nur so darauflos argumentiert habe. Dann spricht er sich gegen allzu allgemeine Urteile aus. Es reiche nicht zu sagen «Vergil ist wunderbar!» – man müsse dies im einzelnen dartun können. Auch Dummköpfe sagen oft Richtiges, aber nicht von sich aus. Oft haben sie nicht einmal verstanden, was sie sagen. Dummheit sei am ärgerlichsten und sei auch nicht heilbar oder nur sehr langsam. Da dürfe man nicht zuviel erwarten. Die eigenen Angehörigen allerdings sollte man schon kritisieren oder zu bessern suchen. Das gelte aber keineswegs für jeden «Hergelaufenen». Das Ärgerlichste an der Dummheit sei, daß sie sich mit «Selbstgefälligkeit» verbinde. So sei der Weise, eben weil Weisheit gerade dies gebiete, mit sich selbst unzufrieden, während der Dumme hochzufrieden in sich selbst ruhe. Sehr ist er dafür, witzige Bemerkungen ins Gespräch einzufügen, wie sie unter Freunden üblich sind – auch entspreche dies seinem «heiteren Gemüt». Sodann: er setze im Gespräch mehr auf seine Unvoreingenommenheit als auf seinen Scharfsinn. Wenn man ihn in Bedrängnis bringe, sei ihm dies gleichgültig, er gerate nicht in Zorn. Er sei überhaupt gegen Streit und besonders gegen den (das geht wohl gegen das Duell) auf Leben und Tod. Wolle er sich über jemanden eine Meinung bilden, frage er ihn, mit was, von all dem, was er gemacht habe, er besonders zufrieden sei. Und da stelle er immer wieder fest, daß man sich in diesem Punkt über sich selbst genau so irren kann wie über andere. Seine «Essais» zum Beispiel, deren beide ersten Bücher ja schon gedruckt vorlagen, schätze er zuweilen hoch, zuweilen niedrig ein – «immer hin- und hergerissen». Übrigens ein indirekter Beleg dafür, wie wichtig Montaigne sie nahm, denn er redet ja nun gerade von dem, was einem im eigenen Leben als Gelungenstes erscheine…

Und nun schweift er erneut ab und redet von Büchern und dem Ruhm, den sie ihren Verfassern bringen oder eben nicht bringen. Und wieder stellt er fest, daß die Autoren viele Dinge sagen, die von anderen kommen. Man müßte also immer, um sie genau einzuschätzen, wissen: hat er es selbst gefunden oder hat er es aufgelesen? An der Geschichte fesselt ihn mehr das Private. Es sei lehrreicher, weil der private Bereich von uns selbst abhänge, der öffentliche mehr von der «Laune des Schicksals». In diesem Zusammenhang lobt er sehr den Tacitus und vergleicht ihn mit Seneca, den er ebenfalls schätzt. Bei Tacitus könne man meinen, er rede direkt von «unserer» Zeit, und er rede so, als tadle er sie. Aber er kritisiert Tacitus auch, zum Beispiel sei er (das ist ihm nun wieder wichtig) mit dem Pompeius zu streng. Daß hingegen Tacitus der Religion seiner Zeit gefolgt sei, dürfe man nicht kritisieren. Tatsächlich redet ja Tacitus an einer Stelle, im Blick auf Nero, von den Christen in Rom und auch von demjenigen, von dem diese Bezeichnung stamme: «auctor nominis eius Christus» – einer der sehr wenigen frühen Hinweise, bekanntlich, auf Jesus *außerhalb* des «Neuen Testaments» (den Namen ‹Jesus› nennt Tacitus aber nicht, wohl aber den des Pontius Pilatus). Tacitus habe «den wahren Glauben verkannt» (er nennt ihn einen «scheußlichen Aberglauben»), aber, so Montaigne nicht unwitzig, das sei «sein Mißgeschick, nicht seine Schuld». Er impliziert also: woher hätte er es wissen sollen?

Dann wieder: zwar rede er, Montaigne, von sich selbst, er sei aber doch nicht so stark in sich befangen, daß er sich nicht auch «aus dem Abstand heraus betrachten» könne: «so wie einen Nachbarn oder», setzt er drastisch hinzu, «einen Baum». Es zieme sich nicht, wenn die Geschichtsschreibung versuche, nicht nur, was sie unbedingt müsse, «den eingewurzelten Glauben des Volkes zu schildern, sondern auch, ihn zurechtzurücken». Dies nämlich sei nicht ihre Aufgabe, sondern – da kündigt sich schon die ‹moderne› Zuständigkeitsverteilung an – die von «geistlichen Beratern, den Theologen und Philosophen». Die beiden letzteren gehören also für ihn noch zusammen – in dem Punkt, daß sie beide bewerten dürfen, vielleicht gar *müssen*. Hier tritt der Zug hervor, der in die «Moralistik» mündet oder schon zu ihr gehört: zunächst einmal und wichtiger letztlich, objektiver aber auf jeden Fall, ist die Schilderung dessen, was *tatsächlich* in den Köpfen geschah und geschieht. Und noch einmal, am Schluß, das Bemühen, auch sich selbst so zu zeigen, wie er tatsächlich ist: «Ich stelle mich stehend und liegend dar, zeige mich von vorn und hinten, von rechts und links, mit all meinen angeborenen Eigenheiten». Und dann, im allerletzten Satz, die übliche Montaigne-Relativierung: «Soviel aus dem Gedächtnis – in Bausch und Bogen und nicht eben verläßlich. Sind doch alle Urteile in Bausch und Bogen – jugements en gros – stets unverbindlich und nie endgültig», «Voilà ce que la mémoire m'en représente en gros, et assez incertainement. Tous jugements en gros sont lâches et imparfaits».

Ist das nun wirklich, wie Hugo Friedrich sagte, «eine Art Brevier der *honnête homme*-Bildung»? Nun, für ein «Brevier» ist der Essay zunächst einmal zu ausschweifend, auch zu oft abschweifend. Eigentlich ist er doch weit eher ein zugleich lebendiger und klarer Blick ins Menschliche hinein. Denn auch darin zeichnet Montaigne sich aus, daß in ihm Klarheit und Lebendigkeit so friedlich zusammenfinden – oft sind ja klare Schriftsteller mehr oder weniger unlebendig und lebendige mehr oder weniger unklar. Das ‹Vornehme› ist bei Montaigne zwar sicher eine Kategorie, aber keine so dominierende, wie dies später beim «*honnête homme*» der Fall sein wird, der freilich auch nicht mit ihr prunkt, denn er ist ja eine Art Verinnerlichung des Adligen, indem dieses von der bloßen Herkunft, der «Familie», vorsichtig gelöst wird. Gerade unser Essay zeigt es: der «Seigneur de Montaigne», so wichtig ihm dies Prädikat auch war, war nicht, von seinem Wollen her, bei sich selbst und anderen, primär an ‹Feinheit› interessiert. Vielmehr, im Zweifel, an *Lebendigkeit*.

Aus dem Verlagsprogramm

Die Kunst zu leben

Arthur Schopenhauer
Die Kunst, glücklich zu sein
Dargestellt in fünfzig Lebensregeln
Herausgegeben von Franco Volpi.
3. Auflage. 2005. 106 Seiten. Paperback
Beck'sche Reihe Band 1369

Arthur Schopenhauer
Die Kunst zu beleidigen
Herausgegeben von Franco Volpi.
2. Auflage. 2003. 130 Seiten mit einer Abbildung.
Paperback
Beck'sche Reihe Band 1465

Arthur Schopenhauer
Die Kunst, mit Frauen umzugehen
Herausgegeben von Franco Volpi.
2. Auflage. 2006. 110 Seiten. Paperback
Beck'sche Reihe Band 1545

Arthur Schopenhauer
Die Kunst, sich selbst zu erkennen
Herausgegeben von Franco Volpi.
2006. 120 Seiten. Paperback
Beck'sche Reihe Band 1719

Meister Eckhart
Das Buch der göttlichen Tröstung
Herausgegeben und übersetzt von Kurt Flasch.
2007. 160 Seiten mit einer Abbildung. Gebunden